王可 编著

让学生学会与人沟通的小故事

中国出版集团

现代出版社

图书在版编目（CIP）数据

让学生学会与人沟通的小故事／王可编著．— 北京：
现代出版社，2011.9（2025 年 1 月重印）
ISBN 978 – 7 – 5143 – 0282 – 0

Ⅰ．①让… Ⅱ．①王… Ⅲ．①故事 – 作品集 – 世界
Ⅳ．①I14

中国版本图书馆 CIP 数据核字（2011）第 146966 号

让学生学会与人沟通的小故事

编　　著	王　可
责任编辑	吴庆庆
出版发行	现代出版社
地　　址	北京市安定门外安华里 504 号
邮政编码	100011
电　　话	010 – 64267325　010 – 64245264（兼传真）
网　　址	www.1980xd.com
电子信箱	xiandai@ vip.sina.com
印　　刷	三河市人民印务有限公司
开　　本	710mm×1000mm　1/16
印　　张	13
版　　次	2011 年 9 月第 1 版　2025 年 1 月第 9 次印刷
书　　号	ISBN 978 – 7 – 5143 – 0282 – 0
定　　价	49.80 元

前　言

当心灵与心灵发生碰撞时，必将产生一种火花，我们把这种心灵的火花叫做"沟通"。沟通，是连接人与人心灵的桥梁。懂得沟通的人往往会成为人们喜欢结交的对象，得到别人的尊重和信赖，进而在人生中得到无穷无尽的帮助，因此，在学习、生活和工作的各个方面都能够如鱼得水，游刃有余。

青少年涉世未深，在很多方面还不成熟，特别是在与人沟通方面存在着这样或那样的困难和问题。作为社会中的一员，不可能独立存在和生活。因此，青少年要想在这个社会更好地生活，就一定要学会与人沟通。另外，青少年积极培养与人沟通的意识，可以增强与人沟通的能力，对自己性格的塑造、人格的培养乃至将来的发展都有着非常重要的作用。

那么，青少年如何学会与人沟通？怎样提高自己与人沟通的能力和技巧呢？

要学会与人沟通，首先就要去主动沟通。只有敢于去尝试才能体会出沟通的意义。如果我们把自己锁在自己的心门之内，那无论如何也不会尝到沟通的"滋味"。

学会与人沟通，就要与人真诚相待。真诚相待才可以从心底感动他人而最终获得他人的信任。为了不辜负他人的信任，我们还要本着诚实守信的原则来对待他人。这也就能让人与人的友好关系更加巩固。学会与人沟通，就要体恤他人，宽大为怀。这样的做人宗旨会让你在心灵上与别人更加接近，也就让沟通有了更好的效果。学会与人沟通，就要学会尊重，以礼待人。沟通中缺少了尊重和礼貌，那必将是一场失败的沟通。

学会与人沟通，还要注重语言的把握，尽量避免误会和伤害，学会用心去倾听以及一些沟通技巧的应用。

本书依据以上让青少年学会与人沟通的要点，精心挑选了一个个关于沟通的小故事，每个故事后都附有精彩独到又发人深省的简短启示，以生动鲜活的语言介绍如何与人沟通、沟通中要注意什么、人际交往中应该掌握哪些技巧等，让青少年朋友在轻松愉悦的阅读中养成主动与人沟通的好习惯，领悟沟通的魅力，了解沟通的方法与技巧。

让我们大胆走出自我空间，结识更多的朋友；敞开胸怀，与人坦诚交流；走近他人，融入社会，拥有更加和谐、更加广阔的世界。学会与人沟通，让我们的生命之树绽放绚烂的花朵吧！

目　录

体恤他人，宽大为怀

学会尊重，以礼待人

消除误会，避免伤害

审时度势，讲究言语

主动沟通，拉近距离

朋友从陌生人开始

一个叫大卫·吉萨的人拥有很多朋友，而且其中很多人竟是他在散步时或者外出购物时搭话认识的。

他的一个朋友问他为什么会那么自然地跟陌生人搭话，他说："一开始我对于跟陌生人说话也是心怀不安，但是每当我回忆起我和最好的朋友最初也是陌生人时，我的畏惧感就消失了。因为我想：在我开口与他们说话之前，他们都是陌生人；而我一旦跟他们说了话，他们就很可能成为我的朋友甚至是知己。"

"那么，你不怕别人误解吗？"

"一开始我确实也担心被别人误解，但是经过一段时间后我发现：如果你怀着一颗真诚而热情的心，同时又有着对友谊的渴望，对方一般不会误解你的动机。我遇见过不少表面上自负而冷若冰霜的人，他们给人的第一感觉是拒人千里。但跟他们搭话之后我发现：麻木不仁的只是他们的外表，他们在内心深处同我一样热切地需要友情。所以，如果你也想交到更多的朋友，就不要让畏惧成为规避的借口。"

1

【画龙点睛】

友情的获得，首先需要我们去主动地去接触别人，主动地去与陌生人沟通。防人之心应该有，但不要让提防成为阻碍友情发展的堤坝，因为朋友都是从陌生人开始的，没有主动的沟通就只能保持陌生的界限。

校园的坏邻居

在美国东部有一所著名的学府，它的入学需要平均 90 分以上的成绩，它一门课的学费，可以相当于普通家庭整月的开销，它的学生常穿着印有校名的 T 恤在街上招摇……

但是，这个学校被严重地困扰着，因为它紧邻一个治安极坏的贫民区，学校的玻璃经常被顽童打碎，学生的车子总是失窃，学生在晚上被抢已不是新闻，有的女学生甚至遭人强暴。

"我们这么伟大的学校，怎能有如此糟糕的邻居！"董事会议一致通过："把那些差劲的邻居赶走！"方法很简单——以学校雄厚的财力把贫民区的土地和房屋全部买下，改为学校校园。

于是校园变大了。但是问题不但没有解决，反而变得更严重了，因为那些贫民虽然搬走了，却只是向外移，隔着青青的草地，学校又与新贫民区相接，加上广大的校园难于管理，治安状况变得更糟了。

董事会没了主意，请来当地的警官共谋对策。

"当你们与邻居相处不来时，最好的方法不是把邻人赶走，更不是将自己封闭，而是应该试着去了解、沟通，进而影响、教育他们。"警官说。

校董们相顾半晌，哑然失笑，他们发现身为世界著名学府的董事，竟然忘记了教育的功能。

于是，他们设立了平民补习班，送研究生去贫民区调查探访，捐赠教育器材给邻近的中小学，并辅导就业，更开辟部分校园为运动场，供青少年们使用。

没过几年，这所学校的治安环境已经大大改善，而那邻近的贫民区生活，更眼看着步入了小康水平。

【画龙点睛】

在生活中，有很多问题的解决都要依赖了解和沟通，只有这样才能找到问题的根源，才能从根本上解决问题；排斥了解和沟通，只能让事情变得更糟。想与你的差劲邻居和平相处的最好方法就是去了解他、帮助他、影响他。

盐罐打破的沉默

一个多小时后，我才发现错过了高速公路出口。天色渐晚，我只好从最近的出口下了高速，住进路边一个家庭旅馆，准备明天天亮后再绕回布朗镇。

坐在晚餐桌前，我心事重重地翻弄着盘子里的青豆。

这是一家老式旅馆，窄小的餐厅里只有一张长条餐桌，所有就餐的客人都坐在一起。早已习惯拥有私人空间的我，现在要和一群陌生人同桌吃饭，突然觉得不知所措。环视周围，别人也和我一样不自在，不是盯着自己的杯盘，就是装着看过期的报纸，怕稍一斜视，便有窥探他人隐私之嫌。我们动作小心谨慎，不敢冒犯别人的"空间"。我的晚餐就要在这么沉闷的气氛中度过吗？

我拿起放在面前的盐罐——桌上唯一的盐罐，递给右边的女士，"我觉得青豆有些淡，您或者您右边的客人需要盐吗？"我微笑着说。她愣了一下，但马上露出笑容，向我轻声致谢。

给自己的青豆加完盐后，她便把盐罐传给了下一位客人。不知什么时候，胡椒罐和糖罐也加入了公关的行列，餐厅里的气氛渐渐活跃起来。饭

还没吃完，全桌人已经像朋友一样谈笑风生了。我们中间的冰层被一只盐罐轻而易举地打破了。

第二天分手的时候，我们热情地互相道别。突然有一个人大声地说："其实昨天的青豆一点也不淡！"我们都会心地哈哈大笑起来。

【画龙点睛】

有人曾慨叹人与人之间的隔膜太厚，这隔膜其实很脆弱，问题是敢于先打破它的人太少。只要每人都迈出一小步，你就会发现，一个微笑、一只盐罐就能打破它。

迟来的追求

在纽约北郊曾住着一位姑娘名叫艾米丽，她自怨自艾，认定自己的理想永远实现不了。她的理想也就是每一位妙龄姑娘的理想：跟一位潇洒的白马王子结婚，白头偕老。艾米丽整天梦想着，可周围的姑娘们都先后成家了，她成了大龄女青年，她认为自己的梦想永远不可能实现了。

在一个雨天的下午，艾米丽在家人的劝说下去找一位著名的心理学家。握手的时候，她那冰凉的手指让人心颤，还有那凄怨的眼神，如同坟墓中飘出的声音，苍白憔悴的面孔，都在向心理学家说：我是无望了，你会有什么办法呢？

心理学家沉思良久，然后说道："艾米丽，我想请你帮我一个忙，我真的很需要你的帮忙，可以吗？"

艾米丽将信将疑地点了点头。

"是这样的。我家要在星期二开个晚会，但我妻子一个人忙不过来，你来帮我招呼客人。明天一早，你先去买一套新衣服，不过你不要自己挑，你只问店员，按她的主意买。然后去做个发型，同样按理发师的意见办，听好心人的意见是有益的。"

接着，心理学家说："到我家来的客人很多，但互相认识的人不多，你要帮我主动去招呼客人，说是代表我欢迎他们，要注意帮助他们，特别是那些显得孤单的人。我需要你帮助我照料每一个客人，你明白了吗？"

艾米丽一脸不安，心理学家又鼓励她说："没关系，其实很简单。比如说，看谁没咖啡就端一杯，要是太闷热了，开开窗户什么的。"艾米丽终于同意一试。

星期二这天，艾米丽发式得体，衣衫合身，来到了晚会上。按着心理学家的要求，她尽职尽力，只想着帮助别人。她眼神活泼，笑容可掬，完全忘掉了自己的心事，成了晚会上最受欢迎的人。晚会结束后，有三个青年都提出要送她回家。

一个星期又一个星期，三个青年热烈地追求着艾米丽，她最终答应了其中一位的求婚。心理学家作为被邀请的贵宾，参加了他们的婚礼。望着幸福的新娘，人们都说心理学家创造了一个奇迹。

【画龙点睛】

老想着自己，顾影自怜，孤芳自赏，结果就是你走不进别人心里，别人也走不进你的世界。只要尝试一下与别人沟通，一切都会改变。

两个人的钥匙

莎莲娜是美国加州大学的最年轻的讲师，比尔是加州一位年轻有为的律师，新婚还不到一年的他们，已经开始感受到了爱情被婚姻包围住以后的枯燥和无奈。但是，他们都还记得他们浪漫的新婚之夜。

他们是第一批报名在加州大酒店举行的新创意集体婚礼的，在集体婚礼的舞会上，比尔和莎莲娜的舞蹈得到了很多赞美和祝福。那天晚上，当他们要回他们的新婚房间时，主持婚礼的司仪给了他们每人一把钥匙，这

让他们莫名其妙。晚上，当比尔和莎莲娜一起回到属于他们的新房时，发现那个用两颗心叠在一起的锁非常别致。他掏出自己的钥匙插在左面的锁孔里，门锁不动，插在右面，也不行。比尔让莎莲娜试一下也不行。还是莎莲娜聪明些，说两个人一起来。于是，比尔把自己的钥匙又插进去，他看了看莎莲娜的眼睛，两人同时转动钥匙，门开了。在房间里等待着的是蜡烛、浪漫的音乐，还有几个时尚杂志的记者，他们把陶醉在爱情中的比尔和莎莲娜拍摄成像明星一样的人物，还登上了杂志封面。

婚后的日子一直被这种快乐和浪漫包围着，他们都认真地经营着自己的感情，培养着爱情的土壤和花朵。然后，时间把一切东西的香味逐渐淡去，渐渐地他们有了争吵，迟到的雨具和被淋病了的莎莲娜，偶尔放错调料的咖啡和比尔的愤怒，渐渐地，比尔开始嫌弃莎莲娜不懂得爱情的细节，不懂得在他的咖啡里多加些方糖，而莎莲娜也发现比尔一直不注意她新更换的一套裙子，她还发现比尔开始有说话不自然的电话，甚至有时候借口工作加班不回家吃晚饭。直到比尔提出了分居。

莎莲娜实在忍受不了这种有隔阂的生活，同意了比尔的要求。在收拾她自己的东西的时候，她发现了她的钥匙，不是钥匙，是一个像钥匙一样的纪念品。原来是他们新婚之夜酒店送给他们用玉石打制的两把钥匙的纪念品，酒店里给它起的名字叫"幸福钥匙"，拥有者可以凭这一对钥匙免费消费一个晚上。莎莲娜忽然想到了一个主意。

比尔也不知道莎莲娜为什么心血来潮非要去加州大酒店里住一个晚上，然后才同意分居。他们又一次被分配到了新婚之房，不知怎的当比尔把钥匙插进锁孔，看了一眼莎莲娜的时候，他一下子好像回到了一年前，那一双柔柔的眼睛里不是满是关心吗？一二三，门开了！令比尔意外的是房间里有和他们新婚时一样的设计，蜡烛和音乐。那一瞬间，一切琐碎的烦恼显得好笑，而真正的爱情并没有远离他们。第二天，比尔郑重地向莎莲娜请求：婚后的恋爱开始了，我能再一次请你出去吃饭吗？

看着比尔的姿势，莎莲娜一下子笑出了声，幸福原来是这样的让人猝不及防。

【画龙点睛】

人们在心灵与心灵产生隔阂的时候，总是抱怨别人的不理解和冷漠。事实上，我们总是忘记我们的那把钥匙，通往别人心灵的那把钥匙，能打开自己，也能打开别人。

别让你的心迷了路

那天，马德下乡去拜访几个民间艺人。

到达那个村庄，已是正午，正是农家人歇晌的时候，街道上空空的，一个人也没有。平原7月正午的阳光毒得令人心慌，即便是躲在树阴里，也大汗淋漓。

他东张西望，希望能有一个路人出现。突然，一个骑自行车的人影出现在前边的一个岔道口，他刚想迎上去，倏忽之间，那人便又钻进另一条里巷，消失得无影无踪。

就在他不知所措的时候，刚才那个骑自行车的又折回来了。这是一位老人，戴着一顶边沿已经破损的草帽，硬生生地问他："你是干什么的？有什么事吗？"他的语气，好像在审讯一个形迹可疑的坏人。

他赶紧解释说是来拜访人的，但不知道他们住在哪里。他说出了一个人的名字。老人一咧嘴，露出稀稀落落的牙齿说："哦，是他啊，走，我领你去。"

他要找的人正在自家门洞下忙乎着一些零碎的农活。一番寒暄之后，他们便一边乘凉，一边在门洞里谈了起来。马德一回头，惊喜地发现，刚才送他来的那个老人竟然没走，就在离他们不远的一棵大树的阴凉里坐着，摇着草帽，并且有一搭没一搭地朝他们这里张望着。

他要干什么？

马德的脑海中迅速闪现出一个场景：好像是前年，也是夏天，他和几个同事一起下乡到学生家家访，也遇到了同样的难题。一个中年汉子倒是爽快，领着他们在那个小镇里七拐八拐，终于把他们带到了目的地。他们正要致谢，那个汉子却不含糊地说："兄弟，不能让我白忙乎吧，转悠了半天，怎么也得给买几盒烟啊！"

难道今天，他也必须要付出几盒烟的代价？

果然，马德出来的时候，那个老人也站起身，推着自行车向他走来。马德甚至能从他嗫嚅的口型中，猜出他想向他索要些什么。

他斜倚住自行车，站定，仰着头，依旧脸膛红红的，问马德："你还要到谁家去？大热天，不好找，我带你去吧……"难道他还想多要点带路费？马德犹豫地站在那里，没有吱声。他看马德呆住了，以为他没听清他的话，又重复了一遍。马德没想好如何拒绝他，就支吾着，半天才说出了一个地址。这一次，马德找的地方很远，路况也不好。他和老人并肩行着，颠簸了40多分钟才骑到地方。此时，老人的薄衫早已被汗水打透。马德也有些不好意思了，说："您老辛苦了，我不去别的地方了。您等我一下，我给您买盒烟去……"老人看了看他，仿佛马德侵犯了他的尊严："谁要你的东西？我走了！"说完，头也不回地走了，只留马德一脸尴尬地站在那里。在这样的真诚和善良面前，恶毒的猜想使马德如鲠在喉。

就在前几天，马德刚刚拒绝了一个想要帮他把纯净水放到饮水机上的送水工。尽管那个送水工的态度足够诚恳，马德还是没让他进门，只把空桶递给他，就赶紧打发他走了。现在想来，他为自己当时的猥琐心态羞愧无比，马德觉得一段日子以来，他真的迷路了，不是他的脚，而是他的心。对一切人情事理，都多了一分揣度，一点猜疑，一些距离。常把他人没来由的帮助，当成陷阱；掏心窝子的忠告，当成矫情的虚伪。对陌生人，更是躲得远远的，避之唯恐不及。从而冷落了那些金子般火热的心，疏远和伤害了那些善良的人……

【画龙点睛】

人应该从这样的迷途中回来了，不然的话，即便不走丢，这个温暖的世界也最终会抛弃了猜疑、冷漠、绝情的人！也许，这个世界上，还有许多像马德一样迷路的人，希望他们也能够及时迷途知返。

相交才能相知

很久之前，世界首富比尔·盖茨和世界第二富翁沃伦·巴菲特是两个互不相干的人，彼此只闻其名，不识其人。两人之间甚至还有很深的偏见：盖茨认为巴菲特固执、小气，靠投资发财，不懂先进技术；巴菲特则认为盖茨不过是运气好，靠时髦的东西赚了钱而已。但是，后来他们成了商场上不多见的莫逆之交。巴菲特多次公开说，此生最了解他的人就是盖茨，而盖茨尊称巴菲特为自己人生的老师。

这种转变起源于他们在1991年春天的第一次交往。那天，盖茨收到了一张邀请他参加华尔街CEO聚会的请帖，主讲人就是巴菲特。他不屑一顾，随手把请帖丢到一旁。盖茨的母亲微笑着劝儿子："我倒是觉得你应该去听一听，巴菲特有今日的成就，必定有他的过人之处，他或许恰好可以弥补你身上的缺点。"盖茨觉得母亲的话很有道理，决定认识一下这位大他25岁的前辈。

在会议室，巴菲特见到盖茨后，傲慢地说："你就是那个传说中非常幸运的年轻人啊。"盖茨是以一颗真心来结交巴菲特的，因此他没有针锋相对，而是真诚地鞠了一躬，说："我很想向前辈学习。"这一举动完全出乎巴菲特的意料，他心里不由对盖茨产生了好感。

离会议开始还有一段时间，巴菲特和盖茨有意坐到了一起，一个讲述，一个倾听，彼此聊到自己的童年和对世界经济的看法。两人惊奇地发现，他们有太多的共同点，都是白手起家，热衷冒险，不怕犯错误……不知不觉中一个多小时过去了，意犹未尽的巴菲特被催促着来到演讲台上，他的开场白竟然是："在开始讲话之前，我想说的是，今天我第一次和比尔·盖

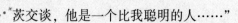

茨交谈，他是一个比我聪明的人……"

随着交往的深入，盖茨逐渐认识到巴菲特是个不可多得的"真人"：他并非一毛不拔的"铁公鸡"，相反地，他对金钱有着超凡脱俗的深刻见解，他说，"财富应该用一种良好的方式反馈给社会，而不是留给子女"；他的家庭生活幸福美满，每当妻子面临危难的时候，他都守候在她的身边，为记录3个孩子成长的经历，他坚持写了30本日记；他不但支持妻子从事慈善事业，而且身体力行，计划在自己离世后，将全部遗产留给妻子，由她把这些钱捐献出去；他对待朋友非常真诚，乐于助人，他的人格魅力常常打动每一个与之交往的人……

同样，在巴菲特眼里，盖茨也是个年轻有为的"真人"。2006年6月15日，盖茨宣布将逐步退出微软，专心从事慈善基金会的事业。紧随其后，6月25日，巴菲特因为妻子过早去世，决定把370亿美元的财产捐给盖茨的慈善基金会。他动情地说："我之所以选择盖茨和梅琳达慈善基金会，一方面是因为我认为它是世界上最健全的慈善组织，另外就是我十分信任盖茨和梅琳达（盖茨的妻子），他们是我最好的朋友。"

【画龙点睛】

生命就像一棵华美的树，独自成长只能享受一种果实，假若能够将自己的果实真心奉送到别人面前，又乐意别人的枝条伸到自己的世界里，就会分享到更多香甜的果实——这就是积极与人交往、真心与人交往的秘密和价值所在。

镜子后面的风景

有一个人，他在年轻时拼命赚钱，中年时终于实现了自己的梦想，成为了一个富翁。可是物质生活丰富的他，其实并没有因为实现梦想而感到发自内心的快乐。他的一个经营香草农园的高中同学，反而过着平凡却快乐的生活，时常可以看见他那愉快的笑脸。对此他十分不解。

有一天，他很不甘心地请教这位同学："我的钱可以买100个香草农园，可是为什么我却没有你快乐？"

同学指着旁边的窗子问富翁："从窗外你看到了什么？"

富翁说："我看到很多人在逛花园。"

同学又问："那你在镜子前又看到了什么呢？"

富翁看着镜子里憔悴的自己说："我看到了我自己。""哪一个风景辽阔呢？"

"窗子当然看得远了。"

同学微笑了："就因为你活在镜子的世界里呀！当你试着将镜子后面的那层水银漆剥掉，你就会看到全世界。"

【画龙点睛】

走出自我封闭的牢笼，积极地接纳别人，与他人进行心灵的沟通，才能得到快乐。

何必扫阳光

有兄弟二人，年龄不过四五岁，由于卧室的窗户整天都是密闭着，他们认为屋内太阴暗，看见外面灿烂的阳光，觉得十分羡慕。兄弟俩就商量说："我们可以一起把外面的阳光扫一点进来。"于是，兄弟两人拿着扫帚和畚箕，到阳台上去扫阳光。

等到他们把畚箕搬到房间里的时候，里面的阳光就没有了。这样一而再、再而三地扫了许多次，屋内还是一点阳光都没有。

正在厨房忙碌的妈妈看见他们奇怪的举动，问道："你们在做什么？"

他们回答说："房间太暗了，我们要扫点阳光进来。"

妈妈笑道："只要把窗户打开，阳光自然会进来，何必去扫呢？"

【画龙点睛】

把封闭的心门敞开，成功的阳光就能驱散失败的阴暗。

一村菊香

禅师在院子里种了一棵菊花，第三年的秋天，院子里成了菊花园，香味一直传到山下的村子里。

凡是来寺院的人都忍不住赞叹道："好美的花儿啊！"

一天，有个人开口向禅师要几棵花种在自家的院子里，禅师答应了。他亲自动手拣挑开得最鲜、枝叶最粗的几棵，挖出根须，送到了别人的家里。消息很快地传开了，前来要花的人接连不断。这些人在禅师眼里一个比一个亲近，都是要给的。不久，院里的菊花就被送得一干二净。

没有了菊花，院子里就如同没有了阳光一般地寂寞。

秋天的最后一个黄昏，弟子看到满园的凄凉，说道："真可惜啊，这时本应是满院菊香味的。"

禅师笑着对弟子说："你想想啊，这样岂不是更好，3 年后是一村子的菊香啊！"

"一村菊香！"弟子不由得心头一热，看着禅师，只见他脸上的笑容比开得最好的菊花还要灿烂。

禅师说："我们应该把美好的事物与别人一起分享，让每个人都感受到这种幸福，即使自己一无所有了，心里也是幸福的！这时候我们才真正拥有了幸福！"

送人鲜花，手留余香！

真正的幸福并不是独乐，而是要众乐啊！

【画龙点睛】

把快乐的事情拿来与人分享，而不是只想到自己时，分享的幸福要远远大于独占的幸福。

低价卖房

有位孤独的老人，无儿无女，又体弱多病，缺少亲人照顾。于是，他决定搬到养老院里去住，那里至少有医生、护士，还有同龄的老人陪他聊聊天。因此，老人宣布出售他漂亮的住宅。这栋房子是他结婚时购买的，虽然他有些舍不得，但自己的确没有精力来打理它了，总不能眼睁睁看着它就这么荒废、坍塌掉，还不如卖给一个真正喜欢它的人好。

因为这是一所有名的住宅，所以购买者闻讯蜂拥而至。老人设定的销售底价是 8 万英镑，但人们很快就将它炒到 20 万英镑，而且价钱还在不断攀升。老人并未因此而欣喜万分，他总是坐在自己的躺椅上，满目忧郁。是的，要不是健康状况不容乐观的话，他是不会卖掉这栋陪他度过大半生的住宅的。

一天，一个衣着朴素的青年来到老人面前，弯下腰低声说："先生，我真的很喜欢这栋住宅，可我的钱不够，我只有 5 万英镑。""但是，它的底价就是 8 万英镑，"老人淡淡地说，"而且现在它已经涨到 20 万英镑了。"

青年并不沮丧，他诚恳地说："先生，如果您把这栋住宅卖给我，我保证会让您依旧生活在这里，而且比以前快乐得多！您可以和我父母一起喝茶、读报、聊天、散步，我还会陪你们逛公园，定期去医院检查身体……相信我，我会用心来照顾你们的！"

老人想了一会儿，又看看青年诚挚的目光，站起身来，给他的律师打了一个电话："唐纳先生，您不必再费心寻找买主了，我已经决定了，把这

栋住宅卖给一个小伙子。"

【画龙点睛】

世界上最有力的武器的不是坚船利炮，而是一颗真挚的爱心；保持一颗仁爱之心，保持对真、善、美的追求，才能让你获得永久的尊重和帮助。爱心永远比金钱更可贵，更能打动人心。一个真正拥有爱的人，是永远都不会孤独的。

同寝室的陌生人

很多年前，俄罗斯某所大学新生报到的日子到了，拉伊斯基就是新生之一。他登记之后就带着自己大大小小的行李朝自己的宿舍楼奔去，这使他感到非常的兴奋，从他那激动的表情就可以看出来。

拉伊斯基来自一个西部的小镇，那里的居民能歌善舞、热情好客，而他自己也受到当地民风的影响，十分活泼开朗。他因此很快就成为学校里很知名的学生，受到很多同学的喜欢，交了很多的好朋友。

在拉伊斯基的寝室里面还有一个来自一个非常寒冷的小镇的学生，虽然不在同一个系上学，但是被分到了这个寝室。安纳多利，一个典型的沉默者，他自己很少与别人说话，也很少听别人说话，就好像把自己锁在一个小屋子里一样，与外世隔绝。即使是在同一寝室的哥们儿，也很少和他交流，当然，这也是因为他不爱说话。冬天的时候，安纳多利喜欢穿着黄色呢子长大衣，衣领竖得老高，头上戴着大皮帽子，好像契诃夫笔下的别里科夫。

拉伊斯基因为性格开朗，很受女孩子的欢迎，不久就谈起恋爱，而寝室里另外一位高大英俊的卡尔平也找到了梦中情人。于是，两人在晚上就找到了比较投机的话题。在寝室中，拉伊斯基讲述着白天与女朋友之间的趣事，而卡尔平不时也会让人分享自己的感受。

过了好长时间，安纳多利似乎再也忍受不了寝室里的谈话，人们时常看见他在一盏昏黄的路灯下，拿着一本谁也不知道内容的书，很有兴趣地读着。圣诞节前一天的晚上，他披上那件卡其布上衣，又出去看书了。圣诞节那天早上，人们看到满地是白白的雪，远处几棵大树被风吹断。又有人发现，雪地里躺着一个身穿卡其布上衣的人，手中拿了一本不知道内容的书。人们翻开那本"书"，发现里面什么也没有，全是白纸，或许他太想听见有人问他："你看的是什么书？"

【画龙点睛】

或许我们身边还有许多天天都会接近，却依然感觉陌生的人，那么，就去主动与他们沟通吧，因为他很可能也很期待这样，但却由于种种原因羞于开口。让我们打开一扇窗，不管是给自己，还是给别人。它可以让我们了解他人，也可以让他人了解我们。

长途车大家庭

妻子和我以前一直认为，互不相熟的人根本不可能建立彼此间的友谊。可是我们错了。许多年来，每个星期日早晨和一伙"不知姓甚名谁"的人搭乘长途车去城里，彻底改变了我们的想法。

开往城里的长途车，总是在人们睡意朦胧时就出发了，无论是阴雨绵绵、大雪纷飞的冬季还是闷热潮湿的夏季。我们总想快点到达目的地，这比互相了解不相识的人更重要。

可有一位中年妇女，她却不这样认为。从她的穿戴来看，这是一个家境贫寒、生活拮据的女人。而每一次，她都不忘给司机带来一杯热咖啡。

还有一位矮胖的先生，每次去城里就为买份当期日报，在咖啡馆里泡

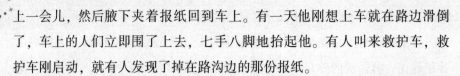

上一会儿，然后腋下夹着报纸回到车上。有一天他刚想上车就在路边滑倒了，车上的人们立即围了上去，七手八脚地抬起他。有人叫来救护车，救护车刚启动，就有人发现了掉在路沟边的那份报纸。

司机心领神会地开车追赶上启动不久的救护车，让人们把报纸从救护车的窗子里塞了进去。

有好几个月，我们为一直没有和坐在前排那位默不作声的老年妇女建立联系而感到失望。有天傍晚，我们走进一家小餐厅，发现了那位夫人常穿的外套，然后是那张饱经风霜的脸。我们仍像以往那样朝她点头——然而，这次——似乎冰封的河水在春日阳光的照射下融解了——她的脸上出现了只有遇到熟人才会有的表情，语句一字一顿从她口中蹦出。直到那时，我们才明白，她口吃。她有一个低能的儿子，如今被送进了特别护理院。坐车去城里看儿子是她每星期最重要的一件事。在餐厅的偶然相遇，使她感到"我们分……分享了友谊"。

星期日的早晨，那位中年妇女又上车了，同样是那个座位，那条线路，那杯热咖啡。只是放在司机面前的，已不仅仅是一杯热咖啡了。长途车变成了友谊的大家庭。

【画龙点睛】

许多人和陌生人相处时总是发怵。其实，只要你敢于大方地首先伸出你的双手，对方一定会给你热情的回报的。

两个钓鱼高手

两个钓鱼高手一起到鱼池垂钓。这两人各凭本事，一展身手，隔不了多久的工夫，都大有收获。忽然间，鱼池附近来了十多名游客。看到这两位高手轻轻松松就把鱼钓上来，不免感到几分羡慕，于是都到附近去买了一些钓竿来试试自己的运气如何。没想到，这些不擅此道的游客，怎么钓也是毫无成果。

两位钓鱼高手个性相当不同。其中一人孤僻而不爱搭理别人，单享独钓之乐；而另一位高手，却是个热心、豪放、爱交朋友的人。爱交朋友的这位高手，看到游客钓不到鱼，就说："这样吧！我来教你们钓鱼，如果你们学会了我传授的诀窍，而钓到一大堆鱼时，每十尾就分给我一尾，不满十尾就不必给我。"双方一拍即合，很快达成了协议。

爱交朋友的钓鱼者教完这一群人，又到另一群人中，同样也传授钓鱼术，依然要求每钓十尾回馈给他一尾。一天下来，这位热心助人的钓鱼高手，把所有时间都用于指导垂钓者，获得的竟是满满一大箩鱼，还认识了一大群新朋友，同时，左一声"老师"，右一声"老师"地被人围着，备受尊崇。

同来的另一位钓鱼高手，却没享受到这种服务人们的乐趣。当大家围绕着其同伴学钓鱼时，那人更显得孤单落寞。闷钓一整天，检视竹篓里的鱼，收获也远没有同伴的多。

【画龙点睛】

热心帮助别人，结果常常是双方受益。不愿给别人提供服务的人，别人也不愿给你提供方便。

请求别人帮助

一个小男孩在他的玩具沙箱里玩耍，沙箱里有他的玩具小汽车、敞篷货车、塑料水桶和塑料铲子。

当小男孩在松软的沙堆上修筑"公路"和"隧道"的时候，他在沙箱的中间发现了一块巨大的石头，阻挡了他的"工程"建设。于是，小男孩

开始挖掘石头周围的沙子，企图把它从沙子中弄出去。虽然石头并不算大，可是对于一个小男孩来说已经相当大了。小男孩手脚并用，费了很大力气，终于把大石头挪到了沙箱的边缘。不过，他发现自己根本没有力气把大石头搬出沙箱的"墙"。

但是，小男孩下定决心要把大石头搬出去，于是他用手推，用肩拱，左摇右晃大石头，一次又一次地努力。可是，每当刚刚有一点进展的时候，大石头就又滚回原处。最后一次努力时，大石头滚回来砸伤了他的手指头。

终于，小男孩再也忍不住了，大哭起来。其实，这件事的整个过程都被小男孩的父亲透过起居室的窗户看得一清二楚。就在小男孩哭泣的时候，父亲忽然出现在小男孩的面前。父亲温和地对小男孩说："儿子，你为什么不用尽你所拥有的全部力量呢？"小男孩十分委屈地说："但是，我已经用尽我的全部力量了。""不对，儿子。"父亲亲切地说，"你并没有用尽你所拥有的全部力量，你并没有请求我的帮助啊。"说完，父亲弯下腰，抱起那块大石头，把它搬出了沙箱。

【画龙点睛】

在生活中，当遇到困难，感到自己再也坚持不下去的时候，不要一味地蛮干或轻易放弃，不妨试着转变一下思路，因为你的周围一定有人能帮助你，关键是你应该主动去向别人求教或求助，告诉他们你需要的。

不懂就问

有一个博士被分配到一家研究所工作，成为学历最高的一个人。

有一天他到单位后面的小池塘去钓鱼，正好正副所长在他的一左一右，也在钓鱼。他只是微微点了点头，这两个本科生，有啥好聊的呢？

不一会儿，正所长放下钓竿，伸伸懒腰，蹭蹭蹭从水面上如飞地走到对面上厕所。博士眼睛睁得都快掉下来了。水上漂？不会吧？这可是一个池塘啊。

正所长上完厕所回来的时候，同样也是蹭蹭蹭地从水上"漂"回来了。怎么回事？博士生又不好去问，自己是博士生哪！

过了一阵，副所长也站起来，走几步，蹭蹭蹭地"漂"过水面上厕所。这下子博士更是差点昏倒：不会吧，到了一个江湖高手集中的地方？

博士生也内急了。这个池塘两边有围墙，要到对面厕所非得绕10分钟的路，而回单位上又太远，怎么办？博士生也不愿意去问两位所长，憋了半天后，也起身往水里跨：我就不信本科生能过的水面，我博士生不能过！

只听"咚"的一声，博士生栽到了水里。两位所长将他拉了出来，问他为什么要下水，他问："为什么你们可以走过去呢？"

两所长相视一笑："这池塘里有两排木桩子，由于这两天下雨涨水，水正好漫过了木桩子。我们都知道这木桩的位置，所以可以踩着桩子过去。你怎么不问一声呢？"

【画龙点睛】

不要以为自己高人一等就觉得没必要与人沟通，这样在很多时候会让你不知所措。

盛满碎玻璃的箱子

有位老人，妻子已经过世，他一人独居。老人曾经是个裁缝，一生辛辛苦苦，辛勤哺育自己的三个儿子。但由于时运不佳，没有积攒下一分钱，而今上了年岁，无法再做活计。他的双手颤抖不止，捏不住一根针，缝不直一个针脚。他的三个儿子，全都已经长大成人，结婚成了家，忙着谋生度日，只是每周回来一次，看看老父亲，然后吃顿便饭。

老人越来越老了，他的儿子们来得也越来越少。"他们根本不想待在我身边了。"他自言自语，内心充满了失望和难过，"他们都怕我成为累赘"。他彻夜无眠，担忧自己如何度日，终于他想出了个计策。

第二天，他去见那个做木匠的老朋友，请他给做个盒子。然后他又去见做锁匠的朋友，跟他要了把旧锁。最后他又去见一个吹玻璃的朋友，要来了他所有的碎玻璃片。

老人回到家后，把盒子装满碎玻璃，然后锁好，放在了饭桌底下。他的儿子们过些时候来吃晚饭时，无意间脚都碰到了盒子。

"这盒子里装的什么呀？"他们看着桌子下边发问。

"噢，什么也不是，"老人回答，脸上表现出一幅唯恐他们知道什么秘密的表情，"那只是我攒下的东西。"

他的儿子碰了碰那盒子，想看看到底有多沉。他们使劲踢了一脚，感觉出里面很沉，而且听见发出哗啦啦的声响。"里面肯定装满了老头子这些年积攒的金子。"他们彼此嘀咕着。

于是他们讨论起来，意识到他们得保住这笔财产，免得日后老人把这笔财产转交他人。他们决定轮番同老人住在一起，照顾他。第一周，最小的儿子搬了进来，照料父亲，为他做饭。第二周二儿子值班，第三周大儿子值班，他们这样坚持了一段时间。老人在他们的悉心照顾下，不再为生活担忧。

最后，老人生病死了。儿子们给他办了一个很体面的葬礼，因为他们知道桌子底下有一笔财产，现在他们可以挥霍一些老头子的积蓄了。

丧事过后，他们满屋子搜寻，找到了盒子的钥匙，迫不及待地打开了盒子。当然，他们发现里面全是碎玻璃。

"多讨厌的把戏！"大儿子失望极了，生气地喊道，"竟然对儿子做这样卑劣的事！"

"他不这么做又能怎么样呢？"二儿子伤心地问道，"我们必须对自己诚实，说实话，要不是因为这个盒子，我们可能直到他死也不会关心他。"

"我真感到羞愧，"小儿子哭泣着，"我们逼着自己善良的父亲欺骗他的儿子们，因为我们完全忘了小时候他对我们的教育。"

但是大儿子还是不甘心就这样放弃，于是把盒子翻了个遍，仔仔细细地检查了一遍。确实什么值钱的东西也没有。他倒出了所有的碎玻璃，此时三个儿子望着盒子里面都惊呆了，盒子底下赫然刻着一行字：孝敬你们的父母吧。

【画龙点睛】

在很多时候，我们都会因这样那样的原因而忽略了养育我们的父母。当他们什么都做不了的时候，当他们孤独度日的时候，我们是不是该主动去关怀他们，让他们能有一个温暖的老年生活？

购买父亲的一小时

一位父亲下班回到家已经很晚了，他的工作压力很大，心里也有点烦，他想休息一下，而这时，他发现自己5岁的儿子靠在门旁等他。

"爸，我可以问你一个问题吗？"

"什么问题？"

"爸，你一小时可以赚多少钱？"

"为什么问这个问题？"父亲问道。

"我只是想知道，请告诉我，你一小时能赚多少钱？"小孩哀求。

"我一小时赚20美元，这有什么问题吗？"父亲没好气地说。

"哦，"小孩低下头，接着又说，"爸，可以借我10美元吗？"父亲有些生气了："别想拿钱去买那些毫无意义的玩具，给我回到你的房间并上床。你为什么这么自私呢？我每天都在辛苦地工作，这你根本无法体会，我没有时间和你玩小孩子的游戏。"孩子安静地回到自己的房间并关上门，父亲

生气地坐在客厅里。过了一会儿，他心里平静了下来，觉得刚才对孩子太凶了——或许孩子真的很想买什么东西，再说他平时很少要过钱。

父亲走进孩子的房间，发现孩子正躺在床上，他悄悄地问道："你睡了吗，孩子？"

"爸，还没，我还醒着。"孩子回答。

"对不起，我刚才对你太凶了。"父亲边说边将钱递给孩子，"这是你要的10美元。"

"爸，谢谢你。"小孩欢叫着从枕头下面拿出一些被弄皱的钞票，慢慢地数着。

"你已经有钱了，为什么还要？"父亲又有些生气，他不知道这个孩子今天是怎么了。

"因为在这之前不够，但我现在够了。"小孩回答，"爸，我现在有20美元了，我可以向你买一个小时的时间吗？明天请早一点回家——我想和你一起吃晚餐。这是我盼望已久的事情，可以吗？"

【画龙点睛】

应该多花一点儿时间来陪伴那些在乎我们、关心我们的人，而不要让时间从手指间轻易溜走，在不经意之间忽略了人间最珍贵的亲情。

高山流水

春秋时期，楚国有一个著名的音乐家叫俞伯牙，他弹琴的造诣很深。他每次弹的琴不仅能引来很多的小动物，还能让听到琴声的人忘掉忧愁。他在楚国非常有名，全国的人都很尊敬他，经常有一些百姓给他送些东西来换取他的一首曲子。

楚国还有一个人，名叫钟子期，他是一个樵夫，虽然不会乐器，但是他很会欣赏音乐，而且能够体会到别人体会不到的东西，尤其是听琴，他不仅能听出其曲的来历，还能够听出抚琴人的心情和心境。

有一天，俞伯牙一边观赏月光，一边取出瑶琴，轻轻弹奏。他忽然听到有人偷偷赞赏他的琴声，原来是年轻的樵夫钟子期。

于是，二人一起探讨琴艺。俞伯牙发现钟子期虽然是一个樵夫，但是他的音乐修养很深，不在自己之下，俞伯牙对他越加敬重。

俞伯牙说："现在，我来弹琴，你试着听听我的心里在想什么。"

钟子期说："遵命。请您弹奏吧!"

俞伯牙心里想到高山，在弹奏时琴音中表现出高山的意境。

钟子期说："妙啊! 巍峨高大，意在高山。"

俞伯牙想到江水，在弹奏时琴音中表现出流水的意境。

钟子期说："妙啊! 浩浩荡荡，意在江河流水。"

俞伯牙心中有什么想法，钟子期都能从琴音中辨识出来。于是俞伯牙把钟子期引为自己的知音。

有一次，俞伯牙邀钟子期到泰山北面游玩，游玩的途中突然遇到暴雨，他们就到岩石下面去休息，俞伯牙拿过瑶琴来弹奏。起初弹的是霖雨曲，然后又模拟山崩的声音。每奏一曲，钟子期都能彻底领悟他心中的感受。

后来，钟子期死了，俞伯牙感慨地说："千金易寻，知音难求。"

他知道再也没有人能听懂他的琴声了，便悲痛地扯断琴弦，摔碎了瑶琴，再也不弹琴了。

【画龙点睛】

人生在世，知音难得。我们一定要珍惜身边的每一位朋友，说不定从中能够得到自己的知音。

通天塔的流产

《圣经·旧约》上说，人类的祖先最初讲的是同一种语言。他们在底格里斯河和幼发拉底河之间，发现了一块异常肥沃的土地，于是就在那里定居下来，修起城池，建造起了繁华的巴比伦城。

后来，他们的日子越过越好，人们为自己的业绩感到骄傲，他们决定在巴比伦修一座通天的高塔，来传颂自己的赫赫威名，并作为集合全天下弟兄的标记，以免分散。

因为大家语言相通，同心协力，阶梯式的通天塔修建得非常顺利，很快就高耸入云。上帝耶和华得知此事，立即从天国下凡视察。上帝一看，又惊又怒，因为上帝是不允许凡人达到自己的高度的。他看到人们这样统一强大，心想，人们讲同样的语言，就能建起这样的巨塔，日后还有什么办不成的事情呢？于是，上帝决定让人世间的语言发生混乱，使人们互相言语不通。

人们各自操起不同的语言，感情无法交流，思想很难统一，就难免出现互相猜疑，各执己见，争吵斗殴。这就是人类之间误解的开始。修造工程因语言纷争而停止，人类的力量消失了，通天塔终于半途而废。

【画龙点睛】

一个人在生命的路途上前进时，若不随时与同伴交流沟通，便会很快落伍。

真诚相待，诚实守信

不肯下来的海鸥

从前，有位青年住在海边，非常喜欢鸥鸟，鸥鸟也乐于亲近他。每天晨曦初露，当他摇船出海的时候，总有一大群鸥鸟尾随在他的渔船四周，或在空中盘旋，或径直落在他的肩上、脚下、船舱里，自由自在地与青年一道嬉戏玩耍，久久不愿离去，相处十分和谐。

后来，青年的父亲听说了这件事，就对他说："人家都说海上的鸥鸟喜欢跟你一道玩耍，毫无戒备，你何不乘机抓几只回来，也给我玩玩？"他于是满口答应道："这有何难？"

第二天，青年早早地出了家门，他将小船摇出海面，焦急地等待着鸥鸟们的到来。可是，那些聪明的鸥鸟早已经看出了他今日的神情不对，因此只是在空中盘旋，而不肯落到他的船上。当青年准备伸手抓它们的时候，鸥鸟们就"呼"的一声全飞走了，青年只好干瞪眼。

【画龙点睛】

对朋友要真诚相见。如果心怀鬼胎，别人也会疏远你。因为，任何一个人都希望自己能够与朋友心与心地交流，谁都不希望被别人玩弄和欺骗。

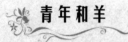 青年和羊

有一个年轻人，他走在前面，后面用绳子牵着一只羊。

"这只羊之所以跟着你跑，是因为你的一条绳束缚了它，而不是它真心跟随着你，也不是你真心喜欢它！"有人开他玩笑说。

这青年听了之后，马上松开了拴羊的绳扣，抛开羊就径直向前走去，并时不时地改变方位。

那羊呢，虽没有绳子的束缚，却寸步不离跟在青年后面跑，丝毫没有离开青年的意思。

"年轻人，这是为什么？"开玩笑的人感到很奇怪。

青年停下来说道："因为我供给它饲料，并且精心照料它。"

【画龙点睛】

真心对待你的朋友，你才能够得到他们的真心。

 真正的朋友

有个年轻的犹太人叫布赖斯，他想换份工作，一时又找不到工作，闲着没事干，打算回家乡的小县城去住一段时间，但又怕信息不灵，误了找工作的机会。因此在回去之前，请了一帮好朋友到餐馆去吃饭。

等到大家都吃得差不多的时候，布赖斯便趁机说出了自己的请求："我想请大家帮我留意一下招工信息。"

一个朋友红着脸说道："没问题，包在我身上，只要我帮你活动一下，

就能很快找到一份轻松的工作。朋友们神情激昂，也纷纷向他保证，一有信息就马上通知他。

布赖斯看到朋友们如此激动，含着泪说："非常感谢大家！等我找到工作后，再请大家吃饭。"这时，在旁边一直没有吭声的奥斯拉站了起来，向他劝酒，建议他回县城开一家店面，用心经营，这样既自在又舒服，比找那些工作强多了。此话一出，现场的热闹气氛顿时没了，大家把目光都投向了这个说话的人。

布赖斯的心情也低落下来，心想：奥斯拉真不够朋友。于是只将联系电话告诉其他几个朋友，便垂着头离开了餐馆。

布赖斯回到县城，整天待在家里无事干，人也像个霜打的茄子。妻子劝他在家看看书，写点东西什么的，不要总是没精打采的。可他老想着自己工作的事情，惦记朋友们帮他找到工作后打电话来。他往往写一会东西就会向电话机上瞧一眼。如果有事外出，一回来就慌忙去翻看电话的来电显示，然而令他感到失望的是，等待他的依然是空白，布赖斯觉得日子好难挨。

半年后的一天晚上，布赖斯正在房间里看书。

这时，奥斯拉带着一身的寒气走了进来。他忙给朋友温了酒，责怪他不事先通知自己，这样好去接他。朋友说："你又不给我留个电话，我只有急匆匆地赶来。市晚报招记者，报名截止是明天中午，我是专门来告诉你这个消息的。"

后来，布赖斯去报名面试，最后被聘上了，在酒吧请朋友们喝庆祝酒。喝着喝着，其中的一个朋友大声说："晚报招聘广告登出来的时候，我就给你打电话了，是你太太接的。我就知道你一定能成功，来，我们来干一杯。"

布赖斯心里掠过一丝不快。

接下来，另一朋友说广告公司招人，打了好几次电话总是联系不上你。

另一个说IT通讯公司招业务主管我还帮你报了名，打了几次电话都找不到你的人。

每个人都说得非常动听，布赖斯的脸色却越来越沉。这时，奥斯拉站

了起来，举起酒杯说："为了布赖斯能找到一个好的工作，大家都出了不少力。现在大家不说这些，让我们举杯为布赖斯祝贺，来，干！""对，干！"声音嘈杂而高亢。布赖斯暗地里握住奥斯拉的手说："好朋友，干！"泪水在他的眼里直打转，他看着布赖斯，好像要说点什么。但他看看眼前喝得醉气熏天的朋友，什么也没说。

【画龙点睛】

当朋友遇到困难时，不论是物质上还是精神上，都应该给予帮助。这样友谊才会坚不可摧，如果与朋友相处的时候，只顾自己利益，舍不得为朋友多出一份力，那么，这样的友谊是难以维持的。

谎言总要被揭穿

M·左琴科上学读书是很久以前的事了。那时，教师把每次提问所得的成绩写在记分册上，打上分数，从五分到一分。

左琴科进学校的时候，年龄还很小，上的是预备班。当时他才 7 岁。对于学校的情况，左琴科一无所知，因此，最初三个月里他简直是懵懵懂懂。有一次，老师布置他们背诗。可是，左琴科没背会那首诗，因为他压根儿没听见老师的讲话。坐在他后边的几个同学不是用书包拍他的后脑勺，就是用墨水涂他的耳朵，再不就揪他的头发。正是由于这个原因，左琴科坐在教室里总是提心吊胆，甚至呆头呆脑，时时刻刻提防着，生怕坐在后面的同学再想出什么招儿来捉弄自己。

第二天，仿佛与左琴科作对似的，老师偏偏叫他起来背那首诗。左琴科不仅背不出来，而且都没想到过世界上会有这么一首诗。

教师说："好吧，把你的记分册拿来！我给你记个一分。"于是左琴科哭了，因为他还是第一次得一分。不过他并不清楚，这会带来什么后果。

　　课后，他的姐姐廖利亚来找他一起回家，看了他的记分册。她说："左琴科，这下可糟了！老师给你的语文打了一分，这事儿真糟！再过两个星期就是你的生日，我想，爸爸不会送照相机给你了。"

　　左琴科说："那可怎么办呢？"

　　廖利亚说："我们有个同学干脆把记分册上有一分的那一页和另一页粘在一起，她的爸爸用手指舔上唾沫也没能揭开，这样也就没有看到那个分数。"

　　左琴科说："廖利亚，骗父母亲，这不好吧？"

　　廖利亚笑着回家了。而左琴科呢？忧心忡忡地来到市立公园，坐在那儿的长凳上，翻开记分册，怀着恐惧的心情盯着上面的一分。他在公园里坐了很久，然后就回家了。已经快到家的时候，他才突然想起，自己把记分册丢在公园里的长凳上了。他又跑回公园，可是记分册已经不翼而飞。起先他很害怕，继而又高兴起来，因为这下他可没有记着一分的记分册了。

　　回到家里，左琴科告诉父亲，记分册被他搞丢了。廖利亚听了他的话笑了起来，并对他眨眨眼睛。

　　第二天，老师知道左琴科的记分册丢了，又给他发了一本新的。

　　左琴科翻开这本新的记分册，指望上面没有一个坏分数，但在语文栏内还是有个一分，而且笔道更粗。左琴科顿时十分懊丧，简直气极了，就把新的记分册往教室里的书柜后面一扔。

　　两天以后，老师知道左琴科的这本记分册也丢了，又给他填了一份新的，除了语文有个一分外，老师还在上面给左琴科的品行打了个两分，并且说，一定要把记分册交给他的父亲看。

　　课后，左琴科见到廖利亚，她说："如果我们暂时把记分册上的那一页粘起来，这不算撒谎。一个星期以后，等你生日那天拿到了照相机，我们再把它分开，让爸爸看上面的分数。"左琴科很想得到照相机，于是就和廖利亚一起把记分册上那倒霉的一页的四只角都粘了起来。

　　晚上，爸爸说："喂，把记分册拿来！我想看看，你不至于会有一分吧？"爸爸打开了记分册，但上面一个坏分数也没有，因为那一页被粘起来

了。这时，楼梯上突然传来了门铃声。一位妇女走进来说："前几天我在市立公园散步，就在那里的长凳上看到一本记分册，根据姓氏我打听到地址，就把它给您送来了，让您看看，是不是您的儿子把它搞丢了？"

爸爸看到上面有个一分，就一切都明白了。他没有骂左琴科，只是轻轻地说："那些讲假话、搞欺骗的人是十分滑稽可笑的，因为谎言或迟或早总是要被揭穿的，要想人不知，除非己莫为。"

左琴科站在爸爸面前，满脸通红。他沉默了好久说："还有一件事：我把另外一本打了一分的记分册扔到学校里的书柜后面了。"爸爸也没有生气，他的脸上反而露出了笑容，显得很高兴。他抓住左琴科的双手，吻了吻。"你能把这件事老老实实说出来，这使我非常非常高兴。这件事可能长时间内没有人知道，但你承认了，这就使我相信，你再也不会撒谎。就为这一点我送给你一架照相机。"

【画龙点睛】

谎言或迟或早总是要被揭穿的。坚持说实话有时可能会暂时吃些亏，但却生活得非常坦然；反之，一旦养成了说谎话的习惯，却可能抱憾终生，甚至处处碰壁。

倾囊相赠

那是一个除却精神，物质极度困乏的年代，一位老师要到学生家去补夜课，一天的劳顿和挺长的路程走得他气喘吁吁，疲惫不堪，特别是饥饿的咕噜声，搜肠刮肚、不能遏止地鸣叫着。要知道，他已经两天滴米未进了。

那个学生家也是一贫如洗，干巴巴的碗盆说明他们家同样揭不开锅。学生的母亲窘迫地在堂屋踱步，不知道拿什么招待老师才好。那位老师说不用了，喝口水就开讲吧。她突然一拍脑门说："我真糊涂。"就连忙踩着炕沿儿，钩下一只篮筐。翻了半晌，举出一只拇指粗的小玻璃瓶，再摇摇、敲敲，把里面的一点粉末冲进水杯，兴奋地捧给老师。

那是一杯甜甜的糖精水。

然而，那位老师只舔了一小口就再也喝不下。几个孩子的眼睛闪着贪婪的目光，嘴里涎着口水盯着老师看，那老师怎能坦然地享受那杯糖精水？但那一小口糖精水一直甜到他的心底，凭着它的甜蜜，他走完了另外几处需要补课的学生家。

许多年后，那位老师对那杯糖精水仍怀以特殊的感情。当时他的那点学问，是他精神上唯一可贡献的最后食粮；而那点糖精，也可以说是那个学生家仅剩的食物。他们都倾囊而出，为了答谢对方的恩德。

【画龙点睛】

常言道：千里送鹅毛，礼轻情谊重。同理，打动人心的不一定是什么万两黄金珍贵厚礼，而是那份真诚的心、真挚的情。

隐藏的微笑

在一个小镇上，有一个很大的花园，里面栽着许多繁茂的桃树，每年都会结出全镇最大最甜的桃子。但是，全镇的人都知道，那个花园的主人是约瑟，一个脾气非常坏的老头。他家的桃子可摘不得，哪怕是掉在地上的也不能去捡，否则就会遭到他粗暴的打骂。所以大家从来不称他为"约瑟爷爷"，而是直接称他为"老约瑟"。

一个星期天的上午，小男孩哈瑞克到他的同学威廉家去，打算和威廉一起去体育馆打羽毛球。去体育馆，必须要从老约瑟家的门前经过。当哈瑞克和威廉走到老约瑟家附近时，威廉看见老约瑟正坐在家门口晒太阳，

于是建议走马路的另一边。

但是哈瑞克不同意，他说："别担心，约瑟爷爷是不会伤害任何人的，跟着我来吧。"威廉还是非常害怕，每向老约瑟家的门口走近一步，心跳就会加快一分。当他们走到老约瑟家门前时，老约瑟下意识地抬起了头，像往常一样紧锁着眉头，注视着眼前的不速之客。当他看到是哈瑞克时，原本紧绷着的脸顿时绽开了灿烂的笑容。

"哦，你好啊，哈瑞克。"他说，"你和这位小朋友要去哪里啊？"

哈瑞克也对他报以微笑，回答说："我们要一起去打羽毛球。"

老约瑟说："这听起来真是不错，你们稍等一会儿，我马上就来。"

不一会儿，他就从院子里拿出两个桃子，给他们每人一个。"这是我刚从树上摘下来的，甜着呢。快吃吧！"两个小男孩接过红红的桃子，心里高兴极了。

和约瑟爷爷告别之后，哈瑞克解释说："其实，我第一次从约瑟爷爷家门前经过的时候，发现他真的像人们说的那样，一点儿也不友好，让我感到非常害怕。但是，我却在心里告诉自己，约瑟爷爷是面带微笑的，只不过他把那微笑隐藏起来了，别人看不见而已。所以，只要看到约瑟爷爷，我都会对他报以微笑。终于有一天，约瑟爷爷也对我微笑了一下。又过了一些时候，约瑟爷爷真的开始对我微笑了，那是一种发自内心的笑容；不仅如此，约瑟爷爷竟然还开始和我说话了。随着时间的推移，我们谈的话越来越多，我知道他还有一个儿子在很远的城市工作，并不经常回来，平时没有人跟他说话，他很孤独，所以脾气才会那么坏。"

听完哈瑞克的叙述，威廉问道："隐藏起来的微笑？"

"是的。"哈瑞克答道，"我爷爷曾经告诉过我说，所有人都会微笑，只不过有些人把笑容隐藏起来了而已。因此，我对约瑟爷爷微笑，约瑟爷爷也对我微笑。微笑是可以互相感染的。"

【画龙点睛】

微笑只是一个再简单不过的脸部动作，嘴角微微上扬，眼睛一眯即可。

但它却被称为世界上最美丽的动作，因为它不仅让看到它的人心情愉悦，也让微笑者自己收获快乐滋味。给别人一个微笑，就是给自己一个微笑。微笑是一张永久通行证，微笑是一颗没有保质期的开心丸，它让世界更加美好。何必吝啬你的微笑呢？

布兰特的臭鞋

有一个叫史蒂文的少年，10岁那年，在一次手术中，因输血不幸染上了艾滋病。从此，伙伴们都像躲避瘟疫一样躲着他，只有大他4岁的布兰特依旧像从前一样跟他玩耍。

一个偶然的机会，布兰特在杂志上看见一则消息，说新奥尔良的一位医生找到了能治疗艾滋病的药物，这让他兴奋不已。于是，在一个夜晚，他带着史蒂文悄悄地踏上了去新奥尔良的路途，他梦想着也许到那儿之后，一个健康快乐的史蒂文可以和他一起回来，然后开始过上正常人的生活。

为了省钱，他们晚上就睡在随身带的帐篷里，由于饥寒，史蒂文的咳嗽次数多了起来，从家里带来的药也快吃完了。这天夜里，史蒂文冷得直发抖，他用微弱的声音告诉布兰特："我刚才做了一个梦，梦见了200亿年前的宇宙。可是，星星的光芒是那么微弱，我一个人孤零零地待在那里，怎么也找不到回家的路。"

这时，布兰特把自己的鞋子拿过来塞到史蒂文的手上："别害怕，以后你再做这样的梦，就想想布兰特的臭鞋还在你手上，布兰特肯定就在附近，你不是孤单的一个人。"史蒂文紧紧抱住布兰特，眼泪止不住地流了下来。

过了几天，他们身上的钱差不多要用完了，可离新奥尔良还有很远，史蒂文的身体也越来越弱，布兰特不得不放弃计划，带着史蒂文回到了家乡。布兰特依旧常常去史蒂文家看望他，鼓励他，把自己的漫画借给他看。有时布兰特陪史蒂文去医院做检查时，还会玩装死游戏吓医生和护士。

一个冬日的下午，阳光照着史蒂文瘦弱苍白的脸，布兰特问他想不想再玩装死的游戏，史蒂文点点头。然而这回，史蒂文却没有在医生为他测量心跳时忽然睁开眼笑起来，他真的死了。

那天，布兰特陪着史蒂文的妈妈回家。两人一路无语，直到分手的时候，布兰特才抽泣着说："我很难过，没能为史蒂文找到治病的药。"史蒂文的妈妈泪如泉涌地说："不，布兰特，你找到了。"她紧紧搂住布兰特，"你给了他一只鞋，他始终记着那句话。他一直为有你这个朋友而感到快乐和满足。"

【画龙点睛】

友爱是一种精神力量，拥有友爱你才能体会到自己的存在。友爱能给你信心，友爱能让你在失落和郁闷中找到自我，找到希望。大自然为你提供的只是素材，唯有友爱才能把这素材创造成完美的作品。友爱又像空气一样宝贵，在生活中，每个人都需要友爱的搀扶和关怀。但愿所有的人都拥有友谊和快乐！

晏殊立信

北宋词人晏殊，素以诚实著称。在他 14 岁时，有人把他作为神童举荐给宋真宗。宋真宗召见了他，并要他与 1000 多名进士同时参加考试。结果晏殊发现试题是自己 10 天前刚练习过的，就如实向真宗报告，并请求改换其他题目。宋真宗非常赞赏晏殊的诚实品质，便赐给他"同进士出身"。

晏殊当职时，正值天下太平。于是，京城的大小官员便经常到郊外游玩或在城内的酒楼茶馆举行各种宴会。晏殊家贫，没钱出去吃喝玩乐，只好在家里和兄弟们读写文章。有一天，真宗提升晏殊为辅佐太子读书的东宫官。大臣们惊讶异常，不明白真宗为何做出这样的决定。真宗说："近来群臣经常游玩饮宴，只有晏殊闭门读书，如此自重谨慎，正是东宫官合适的人选。"晏殊谢恩后说："我其实也是个喜欢游玩饮宴的人，只是家贫而已。若我有钱，也早就参与宴游了。"

这两件事，使晏殊在群臣面前树立起了信誉，而宋真宗也更加信任他了。

【画龙点睛】

诚实换来信任，这是千古不变的道理。只有拿出真诚去对待他人，他人才会对你建立信任，这也是有效沟通的桥梁。

接电话线

一位年轻律师在城东的一条繁华街新开了一家律师事务所，他花了很大的一笔资金装修他的事务所。又买了一架豪华的电话机做最终的装饰。现在这架电话机正漂亮地在写字桌上亮相。

秘书报告一个顾客来访，对于首位顾客，年轻律师按规矩让他在候客室等了一刻钟。而后让顾客进来时，律师拿起了电话听筒，为了给客人更深的印象，他假装回答一通极为重要的电话："可敬的总经理，我已对他说了，我们只是彼此浪费时间罢了……当然，我知道，好的……如果您一定要坚持的话……可是您要明白，低于2000万我不能接受……好，我同意……以后再联络，再见。"

他终于挂上了电话，面对那位在门口站着不动的顾客，对方好像非常尴尬。

"请问您有什么事？"律师微笑着问这位局促不安的客人。

客人犹豫了半晌，低声说："我是技术工人，公司派我来给你接电话线。"

【画龙点睛】

人与人之间的相处，应该是以诚相待，不能够因为你的虚荣心作崇就弄虚作假，真相被揭开，双方都会尴尬。

 求职者

这是发生在人才交流市场的一个故事。随着大学扩招，大学生的数量不断增加，社会上的就业压力也就相应地增大了。如果赶上金融危机，那么就业问题就显得十分突出。为了生存，那些求职者到处奔波……

故事的主人公已经是第四天游走在人才交流市场了。前三天他拜访过15个"柜台"，现在，他拎着塑料袋向第十六家用人单位走去。"这是我的大专学历证书，我原先的单位倒闭了，我有6年的相关工作经验。此外，我还有一个更重要的品质希望得到您的关注！"主管点点头："什么品质?"他说："我是一个值得信赖的人，1998年9月15日，我以单位会计身份去银行取公款，出纳员工作失误，多付我3700元；一小时后，我发现此事，立即回去将这笔钱交还了，银行写来表扬信，单位通报表彰了我，这是当时的文件。"他继续说："2000年12月9日下午，我在农贸市场见到几个歹徒殴打一个卖菜的中年人，当时围观的人很多，只有我上前制止，结果被那伙歹徒将胳膊砍伤……这是第二天晚报刊登的报道，有我照片；另外，这是当时留下的伤痕。"

主管露出一丝感动，他凝视片刻，忽然问："那么，你的这种自我宣扬……"他接口道："主管先生，我知道，这样的事由自己嘴巴里说出来，就贬值大半了；但是，你也知道，面对这些年轻甚至高学历的大学毕业生，我这个36岁的失业者没有任何优势，我只是为了生存才说这些，我希望自己能好好活下去，至少，有我存在，这个社会多了一个值得信赖的人。"

这一天，这个"推销信赖"的人被录用了。

【画龙点睛】

无论何时何地，人人都要真诚，这是让人信赖的基础。在真诚面前没有什么值得演示，因为真诚是一个"真"（事实）和一个"诚"（诚实）。

信任·原谅

在日常的生活当中，就算是再好的朋友之间也会有摩擦，也会有伤害，但我们必须知道，对于真正的友谊来说，那些小小的伤害又算什么呢？更何况都是无心所致。而朋友间的互相帮助却肯定是真心的，是值得我们牢记的。让我们忘记那些无心的伤害，记住真心的帮助吧，你会发现这个世界上有很多真心的朋友。

在美国的一家大公司，有一位高级负责人因工作失误而损失了1000万美元的巨款。沉重的压力使他精神紧张，终日萎靡不振。

不久之后，这位高级负责人接到了董事长接见的通知。在董事长的办公室里，他被告知调任到了一个同等重要的新岗位。这一结果大大地出乎他的意料，他十分惊讶地问董事长："董事长，我犯了如此重大的错误，您为何不把我开除或降职，而还让我担任这样一个重要的职务呢？"

"先生，如果我那样处理的话，岂不是在您的身上白白地花费了1000万美元的'学费'？"董事长微笑着回答。

在这段还不到10分钟的谈话中，这位高级负责人获得了深刻的教育和极大的鼓励。这也成为他日后工作的巨大动力。他在新的起点上奋发拼搏，以惊人的毅力和智慧为公司的发展立下了汗马功劳。

后来董事长还说了一段话："只有一个方法，可以使过去成为有价值和建设性的经历，那就是冷静地分析我们过去的错误。因错误而获益，然后

忘记错误。我们允许下属出错，如果那个人在经过几次犯错误之后变得'茁壮'了，在公司看来是很有价值的。"

【画龙点睛】

在这个世界上，还没有不犯错误的人，谁都希望自己犯了错误之后能得到别人的原谅。原谅别人就是信任别人，把他能够做的事交给他继续做下去。不信任的原谅，其实还算不上真正的原谅。信任是最美的原谅，信任才能让人生变得更加美好。

多疑抹去了机会

1803 年，年轻的美国发明家富尔顿，在塞纳河上建造了第一艘以蒸汽机为动力的轮船。这年 8 月，当获悉拿破仑要越过英吉利海峡对英作战时，富尔顿兴致勃勃地前来推销自己的新产品蒸汽动力船，若不是他在滔滔不绝中失口说错了一句话，拿破仑说不定会采纳他的建议。果真如此，拿破仑的后半生及法国的历史都要重写。

当时，拿破仑的海军已堪称庞大，只是舰船大都是木质结构的，航行基本上靠风帆做动力。而他的对手英国人，却早已用上了蒸汽驱动船，这使拿破仑与英军统帅纳尔逊对阵时，常常感到英雄气短。他已经听说富尔顿的蒸汽船在塞纳河上演示时出了洋相，但这种全新动力的海上装置还是让拿破仑很感兴趣。

富尔顿滔滔不绝地说："一台 20 马力的蒸汽机可以抵得上 20 面鼓满的风帆，陛下的舰队再也不必待在港口里等待好天气出航，到时，不要说是纳尔逊，就是兔子，也跑不过陛下，等到您旗开得胜的时候，就是这个世界上最高大的人了……"富尔顿一不留神说走了嘴，触到了拿破仑最忌讳的身材高矮的问题。这就好比当着秃子说灯亮，刚才还在认真倾听的拿破仑顿时沉了脸，他截住富尔顿的话头说："你只说船快，却只字不提铁板、蒸汽机和煤的重量，我不说你是个骗子，你也是个十足的傻瓜！"也许，拿破仑拒绝富尔顿的理由有很多，但这个理由却是最体现他性格特征的一个。

1812年，英国人购买了富尔顿的轮船专利，19世纪40年代，船侧轮桨逐渐被更先进的船尾螺旋桨取代，英国的海上霸权以它的船坚炮利得到了巩固，而法国则被远远地甩到了后面。

后来的军事评论家这样说道：如果拿破仑当时稍微动一下脑筋，接受富尔顿的建议，用强大的蒸汽机舰队打败英国，那么，19世纪以后的欧洲整个历史，将完全是另一个样子。甚至可以说，正是拿破仑的"精明"，才不相信"军舰没有帆能航行"，所以把富尔顿当成了骗子，没有把握住发展舰队的机会，这导致了后来的失败。如果他聪明些，欧洲的格局就可能完全不同了。

【画龙点睛】

在采取行动之前，保持谨慎态度是必要的；因谨小慎微而将别人的真知灼见当做无理取闹，或是因一时的忌讳而对别人的真诚表示怀疑，就可能让你失去大好机会。

可怜的蠕虫

蠕虫央求农夫让它在果园里住一个夏季，它保证在园子里规规矩矩，决不会伤害果实，吃树叶也只吃快要枯萎的。

农夫心里暗自思忖：何不给它一个栖身之地呢？就让它随意住吧，偌大的果园多它一个也不会拥挤！再说它只吃几片树叶，哪里会造成什么大的危害呢？

蠕虫得到允许后便爬上一棵树，在树枝下找了一个防风避雨的地方栖

息，几乎无人知道它的存在，日子过得虽不阔绰，但也不缺食少衣。

转眼间，太阳神渐渐把树上的果实染成金色，黄灿灿的果实也挂在蠕虫所在的果园里。一只琥珀般透明的多汁的苹果高高地挂在枝头上，早就令一个淘气的男孩馋涎欲滴。他从成百上千个苹果中发现了它，可是要摘下它却不那么容易。男孩不敢爬树，摇晃这棵树他又没那么大的力气，总而言之，他不知道怎样把这个苹果弄到手里。可是这条蠕虫却帮他达到了目的！

"听我说，"蠕虫慢慢地凑过来说，"我知道主人已下令摘苹果，所以这只苹果很快就将消失。我现在就能把它弄下来，但有个条件：你得同我分享这一果实，你分得的部分可以大10倍，只需剩一点点便足够我啃一辈子。"

小男孩同意了这一建议，蠕虫便爬到树上，很快就咬断了苹果蒂。

可它得到的报酬是什么呢？苹果刚掉下来，小男孩便把它连肉带核都吃下肚去。当蠕虫从树上爬下来索取它应得的一份时，男孩却一抬脚把它踩成了肉泥。

苹果没有了，蠕虫也死去了。

【画龙点睛】

欺骗是可耻的，真诚是高尚的。在我们与人沟通的时候要以真诚对待别人，而决不可以欺骗的手段来达到目的。

诚实的智者

皇帝得了重病，治好的希望非常渺茫。他把大臣召集在一起，对他们说："我想要知道你们对我的看法。你们认为我是一个怎样的皇帝？你们要对我说实话，不能有丝毫的隐瞒。这样，我会赏给你们每人一颗宝石。"

大臣们一个接着一个地走到皇帝的宝座前面，都夸大其词地对皇帝大加赞扬。轮到一位智者时，他对皇帝说："我宁可不发言，因为真理是买不到的。"

"要是这样的话，那我就不给你任何报酬，你只管说出你的想法。"皇帝说。

智者看了看皇帝，不慌不忙地说："陛下，请允许我告诉您我对您的看法：您和我们每个人一样，有着许多的弱点和缺点。您犯的错误导致了很严重的后果：事实上，全国人民因赋税沉重而怨声载道。我认为您在修建宫殿、举办宴会等方面花费太多。"

对于智者的批评，皇帝非常震惊，他陷入了沉思之中。最后，他赏给大臣们每人一颗宝石，同时任命那个智者为宰相。

次日，那些溜须拍马的人来到皇帝面前，说："陛下，那个卖给了你这些宝石的商人应该被吊死，因为你送给我们的宝石都是假的。"

"这个我知道，不过我要告诉你们的是，你们的话跟那些宝石一样，都是假的。"皇帝回答说。

【画龙点睛】

诚实是一种可贵的品质，诚实的人会得到领导者的赏识。

诚实无价

在深圳的职场上，流传着这样一个故事：有一位求职者到一家公司去应聘，由于各方面的条件都很不错，他很快便从众多的应聘者中脱颖而出。面试的最后一关，由公司的总裁亲自主持。

当这位求职者刚一跨进总裁的办公室，总裁便惊喜地站起来，紧紧握住他的手说："世界真是太小了，真没想到会在这儿碰上你，上次在东湖游玩时，我的女儿不慎掉进湖中，多亏你奋不顾身地跳下水去将她救起。我

当时由于忙，忘记询问你的名字了。你快说，你叫什么？"

这位求职者被弄糊涂了，但他很快便想到可能是总裁认错人了。于是，他平静地说："总裁先生，我从来没有在东湖救过人，您一定是认错人了。"但无论这位求职者如何解释，总裁依然一口咬定自己不会记错。求职者呢，也犯起了倔强，就是不肯承认自己曾经救过总裁的女儿。

过了好一会儿，总裁才微笑着拍了一下这位求职者的肩膀，说："你的面试通过了，明天就可以到公司来上班，你现在就到人事部去报到吧！"

原来，这是总裁刻意导演的一场心理测试：他口头制造了一起"救人"事件，其目的是要考查一下求职者是否诚实。在这位求职者前面进来的几位，因为都想将错就错，乘机揽功，结果反被总裁全部淘汰了，而这位求职者却在面试的时候，成功地展示了自己诚实的美德，所以轻松地将自己带入成功者的行列。

【画龙点睛】

成功，往往与诚实结伴而行。诚实是一个好人最基本的人格要素，也是做人最基本的道德要求。

不发芽的花籽

一位贤明的国王，决定从王国的众多孩子中挑选一个，培养成自己的大臣。

国王的方法很独特，他给每个孩子发一些花种，并宣布谁能培育出最美丽的花朵，谁就能够成为丞相。

孩子们得到种子后，开始了精心的培育，从早到晚浇水、施肥、松土，谁都希望自己能成为一位幸运者。

有一个出身贫穷的小男孩也分到了一些花种，虽然尽心尽力地培育，但是花盆里的种子始终没有发芽。

最后，比赛的日子到了。富人家的孩子穿着漂亮衣服走上街头，他们捧着盛开的鲜花，盼望得到国王的垂青。国王乘着马车缓缓地在花海里巡视，但是，面对着朵朵争奇斗艳的鲜花，他一点都不兴奋，直到他看到那个捧着空花盆的小男孩儿，脸上才露出微笑。

当然，小男孩儿成了最后的幸运儿。因为国王发的花种全部是煮过的，根本就不能够发芽开花。

【画龙点睛】

诚实就如埋藏在泥土里面的种子，谎言犹如枝头上妖艳的花朵。虽然谎言能给人暂时的美感，但它的枯萎是不可避免的，而诚实会在泥土里生根发芽。

诚实的孩子

在华盛顿举办的美国第四届全国拼字大赛中，南卡罗来纳州冠军——11岁的罗莎莉·艾略特一路过关，进入了决赛。当她被问到如何拼"招认"（avowal）这个词时，她轻柔的南方口音，使得评委们难以判断她说的第一个字母到底是 A 还是 E。

评委们商议了几分钟之后，将录音带倒带后重听，但是仍然无法确定她的发音是 A 还是 E。解铃还得系铃人，最后，主评约翰·洛伊德决定，将问题交给唯一知道答案的人。他和蔼地问罗莎莉："你的发音是 A 还是 E？"

其实，罗莎莉根据他人的低声议论，已经知道这个词的正确拼法应该是 A，但她毫不迟疑地回答，她发音错了，字母是 E。

主审约翰·洛伊德又和蔼地问罗莎莉："你大概已经知道了正确的答案，完全可以获得冠军的荣誉，为什么还说出了错误的发音？"

罗莎莉天真地回答说："我愿意做个诚实的孩子。"

当她从台上走下来时，几乎所有的观众都为她的诚实而热烈鼓掌。

第二天，有一篇报道这次比赛的短文：《在冠军与诚实中选择》。短文中写道，罗莎莉虽没赢得第四届全国拼字大赛的冠军，但她的诚实却感染了所有的观众，赢得了所有观众的心。

【画龙点睛】

诚实是一笔无形的财富，它能够使你赢得别人的尊重，从而走向成功。

上帝的代理

从前有一对贫穷的老夫妻，时刻忍受着饥饿的煎熬。后来确实没办法了，老头对他妻子说："马尔珂，我们给上帝写封信吧。"

于是他们坐下来向上帝写了封求助的信。他们签了名，将它封好，在信封上写上了上帝的名字。

"怎么才能将这封信寄出去呢？"他老伴奇怪地问道。

"上帝无所不在，我们寄出去的信他一定能收到。"她虔诚的丈夫答道。

于是他将信扔出了门外，风就把它沿着街吹远了。

恰巧当时有一个出门散步的好心富人，风把信吹到了他面前。他好奇地捡起来，打开读了读，他很同情老夫妇的悲惨处境，被他们的虔诚和天真打动了。他决定帮助他们。过了一会儿，他敲了敲老夫妇的门。

"纳特先生在这儿住吗？"他问道。

"我就是。"老头答道。

富人朝他微笑。

"那么，我要告诉你一件事。"他说，"我想让你知道上帝在几分钟之前收到了你的信。我是他在白俄罗斯的个人代理，他叫我给你100卢布。"

"马尔珂，你看怎么样？上帝收到我们的信了！"老头高兴地喊道。

老夫妇收下了钱，对上帝在白俄罗斯的代理表示感谢。

可是当只有他们两人的时候，老头的脸上充满了疑虑。

他妻子忙问："你又怎么了？"

"马尔珂，我很怀疑，那个代理在撒谎；他有点儿耍滑头。"老头若有所思地回答。"哦，你知道代理是怎么回事！上帝很可能给了他200卢布让他交给我们，可是那个骗子拿走了一半给自己当佣金！"

【画龙点睛】

不要随意怀疑别人对你的帮助，因为这种援助可能是出于真心的。胡乱猜忌只能使你陷入更加不利的境地。

晋文公攻原得卫

晋文公攻打原国，只携带着可供10天食用的粮食，于是和大夫们约定10天做期限，要攻下原国。可是到原国10天了，却没有攻下原国，晋文公便下令敲锣退军，准备收兵回晋国。

这时，有战士从原国回来报告说："再有3天就可以攻下原国了。"这是攻下原国千载难逢的好机会，眼看就要取得胜利了。

晋文公身边的群臣也劝谏说："原国的粮食已经吃完了，兵力也用尽了，请国君再等待一些时日吧！"

文公语重心长地说："我跟大夫们约定10天的期限，若不回去，是失去我的信用啊！为了得到原国而失去信用，我办不到。"于是下令撤兵回晋国去了。

原国的百姓听说这件事，都说："有君王像文公这样讲信义的，怎可不归附他呢？"于是原国的百姓纷纷归顺了晋国。

卫国的人也听到这个消息，便说："有君主像文公这样讲信义的，怎可不跟随他呢?"于是向文公投降。

孔子听说了，就把这件事记载下来，并且评价说："晋文公攻打原国竟获得了卫国，是因为他守信啊!"

【画龙点睛】

"信盖天下，然后方能约天下。"领导者只有守信用，才能取得部属的信任；做人只有讲信义，才能交天下朋友。

屈原辨贤才

战国时期，楚国三闾大夫屈原回到自己的家乡秭归，在那里举行了一场考试，准备选拔人才。

"楚地多才子"，这是全国闻名的，一回到家乡，屈原就感受到了莘莘学子强烈的求知欲和良好的学风。这天晚上，屈原正在拟定考题，一群学生又来拜访。他把定好的试题搁在一边，和蔼地招呼他们。看着他们兴高采烈地指点江山，激扬文字，屈原颇感欣慰。

考试结束，试卷批阅下来，可结果却让他出乎意料。因为有九十九个考生的成绩相同，这样就有九十九个并列第一，还有一个成绩稍稍逊色的，排列第二。这一下仅取前两名就有一百个人，显而易见，这个结果不正常。

屈原前思后想，把各个环节都回忆了一遍，心想肯定是那个拟定文题的晚上，前来拜访的学生中有人偷看了试题，并且泄露出去。屈原一边埋怨自己的粗心大意，一边思考重新考试的方法。不久，他就想出了一个好主意。

重新考试开始了，面对学生，屈原高声宣布："你们的成绩都很好，但是国家更需要全面发展的通才。现在这场复试的题目就是'种谷子'。今天是谷雨，正是播种的好季节，你们每人都将获得一百粒谷种。回去后，细心照料，考试结果以秋后收谷多少为准。"

转眼间，秋收到了。九十九个获得第一名的学生有的背筐挑担，有的用车装载，看样子都是大丰收。只有那个考第二名的农家小伙子，最后一个走进来，手捧着一个小瓦罐，看到大家都满载而来，觉得很丢脸，垂头丧气地站在门口，不敢进来。

屈原逐个检查他们丰收的谷子，脸色越来越阴沉。当他看到站在门外的农家小伙子时，眼睛兴奋得发亮，问道："你收的谷子呢？"

年轻人不安地回答："学生无能，只收了九百多粒。我已经尽了自己最大的努力，但是只有三颗种子发了芽，就结了这么点粮食。"说完，便羞愧地低下头。

九十九个第一名都哄堂大笑起来。屈原却严肃地宣布："这次选拔他是唯一贤才，因为他是最诚实的一个。我发给你们的谷种里有九十七粒都是煮熟的，而你们交来的粮食却这么多，这不明明是欺骗我吗？"

【画龙点睛】

诚实能带来福祉，而欺骗只能招致失败。

杀猪教子

春秋时期，大圣人孔子有一个徒弟名叫曾子。曾子注重道德修养，严于律己。曾子不仅在社会交往中注重诚信，在家庭教育中也注重诚信。

一天，曾子的妻子上街。小儿子扯着娘的衣襟，又哭又闹，要跟着去玩。

曾子的妻子被闹得没有法子，就弯下腰哄他说："小乖乖回去吧，妈妈回家来就杀猪给你吃。"小儿子咽着口水，方才罢休。

妻子从街上回来，只见曾子正拿着绳索在捆肥猪，旁边还插着一把雪亮的尖刀。妻子慌了，连忙跑上去拉住他说："你疯啦？你这是在干吗？"

曾子说："你走的时候是不是曾许诺等你回来给孩子杀猪吃吗？我这是在履行诺言。"

妻子说："我是嫌他老缠着我，所以故意骗骗小孩子的，你怎么当真起来了呢？"

曾子严肃地说："你怎么能欺骗孩子呢？小孩子什么也不懂，只会学着父母的样子，现在你欺骗孩子，就是在教孩子去欺骗别人。做母亲的欺骗自己儿子，做儿子的不相信自己母亲，这样还有家教吗？"

曾子说完，就一刀戳进猪的喉咙里。

【画龙点睛】

与人交往，凡事要言而有信，言行一致。

重财轻信

济阴的一个商人在过河时翻了船，他只好抓住水中漂浮的一堆枯枝乱草拼命挣扎。一个打鱼的人听到呼救的喊声，立即把船划过去救他。

商人看到了缓缓驶来的小船，顿时产生了获救的希望。然而汹涌的河水无情地告诉他，随时都有被淹没的危险。为了抓紧时间死里逃生，商人对着渔夫大声喊道："我是济阴的名门富豪，只要你能救我，我就送给你百金！"

渔夫使出浑身的力气，抢在商人沉没之前把他救到岸上。可是商人上岸后只给了渔夫十金。渔夫对商人说："你不是答应给我百金的吗？现在你得救了就只给十金，这样做对不对呢？"商人一听变了脸色。他恶狠狠地说道："像你这样的一个渔夫，往常一天能挣几个钱？刚才一眨眼工夫你就得到了十金，难道还不满意吗？"渔夫不好跟他争辩，低着头、闷闷不乐地走了。

过了些日子，那个商人从吕梁坐船而下。他的船在半路上又触礁翻沉了。从前的那个渔夫碰巧正在附近。有人对渔夫说："你为什么不把岸边的小船划过去救他呢？"渔夫答道："他就是那个答应给我酬金，过后却翻脸不认人的吝啬鬼！"说完，渔夫一动不动地站在岸上袖手旁观。不一会儿，那个商人就被河水吞没了。

【画龙点睛】

失去信用很可能让自己一无所有。

求千里马

战国时期，燕国由于人才困乏，奸臣当道，有才之人被搁置不用，无才却只会献谗之辈倒是层出不穷。于是国家大乱，后来又被齐国打败，几乎亡国，从此，燕国一蹶不振，国君也因为忧心如焚而得了疾病，不久就驾崩了。

燕昭王即位后，决心招揽人才，振兴国家，恢复往日的气象。

有一次，大夫郭隗晋见，昭王问他："寡人想招揽人才，以振兴我大燕，你有什么好的建议吗？"

郭隗回答道："这很简单，但不知大王肯不肯用臣的办法？"

昭王说："是什么办法？你尽管说，只要是对国家有利，寡人就会采用。"

郭隗说："如果大王想得到很多的贤才，就必须从国内或者朝廷的官员中选出一个少有名气的人，然后大王再亲自去登门拜访他，重视他，让天下人都知道您重用贤才，那么有才能的人才就会到您这里来了。"

燕昭王问："那依你之见，寡人应该选拔谁呢？"

郭傀说："大王您真的想让天下有才能的人到您这里来，首先应该从臣开始。让天下人知道，像我郭傀这样的人都得到您的重用，何况那些有才能的人呢？"

昭王好像还有些悟不透其中的道理，半晌不说话，在那里思考。郭傀为了说明这一道理，便给燕昭王讲述了一个故事：

从前有个国王，非常喜欢好马。他用千金高价想买一匹千里马，于是派人四处寻找。被派去的人寻找了3年，也没见到千里马的影子，国王非常失望。

有一天，一个打扫宫廷的小太监知道了这件事，就去见国王，说："请让我去买好吗？我一定能买到千里马。"国王买马心切，就派他去了。

小太监只去了3个月，便回来报告说千里马买到了。国王听了非常高兴，让小太监赶紧把千里马牵来看一看。小太监不慌不忙，把手里的包袱打开，拿出一个又脏又臭的死马头来，说这是花五百金买的死千里马的头。

国王一看之后，当即雷霆大怒说："我要的千里马是活马，你为什么给我买个死马头回来，还浪费了我五百金！"

当国王要治小太监欺君之罪时，小太监说道："尊敬的大王请不要杀我，活千里马很快会有人给您送来了。"

国王问他为什么，小太监从容不迫地说："大王您想，我们买死千里马头还花了五百金，何况是活的千里马呢？这个消息传出去，天下人都知道您最爱好马，那谁有千里马能不往您这里送呢？所以我说千里马会很快有人给您送来的。"

国王一听很有道理，于是就没有治小太监的罪。果然，买死千里马头的消息传出去之后，不到一年的时间，就有人给国王送来3匹上等的千里马。

【画龙点睛】

取信于人，就可以得到别人的信任，只要真心实意并付诸行动，就能够广招人才。

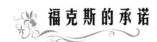

福克斯的承诺

福克斯是著名的犹太政治家，他一生做人的原则是诚实守信，正是这样的人格品质，使他赢得了很多人的尊重，并且从一个普通的推销员逐步成为一个国家的元首。

一次，福克斯受邀到一所大学演讲，一个学生问他："政坛历来充满欺诈，在你从政的经历中有没有撒过谎？"

"我在从政的过程中从没有撒过谎。"福克斯说。

话音刚落，大学生们便在下面小声议论开了，有的还轻声笑出来，因为每一个政客都会这样说。他们总是发誓，说自己从来没有撒过谎。

福克斯并没有生气，他对大学生说："孩子们，也许我很难证明自己是个诚实的人，但是你们应该相信，诚实依然存在于这个世界上，它时刻在我们周围。我想讲一个故事，也许你们听过就忘了，但是这个故事对我却很有意义。"

有一位父亲是一个农场主。有一天，他觉得家后面的亭子已经很破旧了，就请来了一些工人，让他们拆掉它。他的儿子对拆亭子的事很感兴趣，但得马上动身去学校了，于是对父亲说："爸爸，这座亭子等我从学校放假回来再拆好吗？我想看看你们怎么拆掉这座亭子。"

父亲答应了，可是，等孩子走后，工人们很快就把亭子拆掉了。孩子放假回来后，发现旧亭子已经不见了。他闷闷不乐地对父亲说："爸爸，你答应了我，等我回来后再拆亭子，可是你却没有做到。"

父亲惊异地看着孩子，过了好久才说："孩子，爸爸错了，我不应该骗你。"

这位父亲把工人重新请了过来，让他们在原地造一座和原来一样的旧亭子。亭子造好后，他将孩子叫来，然后对工人们说："请你们现在把它

拆掉。"

福克斯说，这位父亲我认识，他并不富有，但是他在孩子的面前实现了自己的承诺。

学生们听后问道："能够告诉我们这位父亲叫什么名字吗？我们希望认识他。"

福克斯说："他已经去世了，但是他的儿子还活着。"

"他的儿子一定是个诚实的人，那么现在他的儿子在哪？"

福克斯平静地说："他的儿子现在就站在这里，就是我，以色列总统福克斯。"接着说："我想告诉大家的是，我愿意像我父亲一样对待这个国家，对待这个国家的每一个人。"

话音刚落，台下响起了一片热烈的掌声。

【画龙点睛】

为人处世，一定要讲究诚信，只有这样，你才能获得别人的信赖，取得事业上的成功。

夸 张

两个对立阵营的学生正在吹嘘他们老师的功绩。

其中一个学生说："我们的老师是世界上独一无二的。你要是听到他的事迹，那可要惊心动魄了。前几天，他将一些客人带回了家，他妻子对他说：'锅里只有一条鱼！'你以为这会难倒我们的老师吗？绝对不会！'再看一下你的锅'，他告诉她。她看了，你猜怎么着，她发现了5条鱼！"

另一个学生反驳说："又在吹牛。你的老师怎能和我老师相比？几天前他和他的妻子打牌，她有4个王后，你猜我的老师是怎么做的？他随意地把牌放在桌上，他有5个国王！"

"吹什么牛啊，你知道一副牌就只有 4 个国王！你以为我是 3 岁小孩吗?"第一个学生感到很气愤。

"我们来做个交易吧。你从锅里拿出一条鱼，我就从牌里拿走一个王!"另一个说道。

【画龙点睛】

谎言是站不住脚的，它总有一天会被揭穿。做一个诚实的人吧，这样，你就会赢得别人的尊敬。

柳季与岑鼎

从前，鲁国有个宝贝，叫做岑鼎。这只岑鼎形体巨大，气势宏伟雄壮，鼎身还由能工巧匠铸上了精致美丽的花纹，让人看了有种震慑心魄的感觉，不由得赞叹不已。鲁国的国君非常看重和珍爱岑鼎，把它看做镇国之宝。

鲁国的邻国齐国幅员广阔、人口众多，国力很是强盛。为了争夺霸权，齐国向鲁国发起了声势浩大的进攻。鲁国较弱，勉强抵挡了一阵就全线溃败了。鲁国国君只得派出使者，去向齐国求和。齐国答应了，但是有个条件：要求鲁国献上岑鼎以表诚意。

鲁国的国君很是着急，不献吧，齐国不愿讲和；献吧，又实在舍不得这个宝贝，如何是好呢？正在左右为难之际，鲁国有个大臣出了个主意："大王，齐人从未见过岑鼎，我们何不另献一只鼎去，量他们也不会看得出来。这样既能签订和约，又能保住宝贝，难道不是个两全之策吗?""妙啊!"鲁国国君拍手称是，大喜道，"就照你说的这么办!"

于是，鲁国悄悄地换了一只鼎，假说是岑鼎，献给了齐国的国君。

齐国国君得了鼎，左看右看，总觉得这只鼎虽也称得上巧夺天工，但似乎还是不如传说中那样好，再加上鲁国答应得这样爽快，自己又没亲眼

见过岑鼎，这只鼎会不会是假的呢？又能用什么方法才能验证它的真伪呢？要是弄得不好，到手的是一只假鼎，不仅自己受了愚弄，齐国的国威也会大大受损。他思前想后没有法子，只得召集左右一块儿商量。一位聪明又熟悉鲁国的大臣出点子说："臣听说鲁国有个叫柳季的人，非常诚实，是鲁国最讲信用的人，毕生没有说过半句谎话。我们让鲁国把柳季找来，如果他也说这只鼎是真的，那我们就可以放心地接受鼎了。"齐王同意了这个建议，派人把这个意思传达给了鲁国国君。

鲁国国君没有别的路可走，只得把柳季请来，对他把情况讲明，然后央求他说："就请先生破一回例，说一次假话，以保全宝物。"柳季沉思了半晌，严肃地回答道："您把岑鼎当做最重要的东西，而我则把信用看得最为重要，它是我立身处世的根本，是我用一辈子的努力保持的东西。现在大王想要微臣破坏自己做人的根本，来换取您的宝物，恕臣不可能办到。"

鲁国国君听了这一番义正辞严的话，知道再说下去也没有用了，就将真的岑鼎献给了齐国，签订了停战和约。

【画龙点睛】

诚实信用是无价的，任何宝贝都不能与之相比。无论何种情况下，我们都不能放弃做人的根本。

狐狸和仙鹤

这天，狐狸请仙鹤吃饭，可他却很吝啬，端出一只平底的小盘子，盘子里盛了一点儿肉汤，他还连声说："仙鹤大姐，别客气，请吃吧，吃吧！"仙鹤一看，非常生气，因为她的嘴巴又尖又长，盘子里的肉汤一点也没喝到，可狐狸呢，张开他那又阔又大的嘴巴。"呼噜呼噜"没几下，就把汤喝光了，还假惺惺地问仙鹤："您吃饱了吧！我烧的汤，不知合不合您口味？"

仙鹤对狐狸笑笑："谢谢您的午餐，明天请到我们家吃饭吧！"狐狸正等着这句话呢，连忙说："好的，明天中午我一定去，一定去。"

狐狸一心想在仙鹤家多吃点儿，这天晚饭没吃，第二天早饭也没吃，饿着肚皮，早早来到仙鹤家等着吃午饭了。

狐狸一进仙鹤家的门就闻到一股香味儿。他仔细嗅了嗅："嗯，准是在烧鲜鱼！"心里不由暗暗高兴。狐狸坐到饭桌前，不一会儿，仙鹤端出一只长颈瓶子放到狐狸面前，指着瓶子里的鱼和鲜汤说："狐狸先生，请吃吧，别客气！"狐狸望着那么一点大的瓶口，他那阔嘴巴怎么也伸不进去。闻着香味，肚子饿得咕咕叫，馋得直流口水。狐狸什么也吃不到，只能看着仙鹤把又尖又长的嘴巴伸进瓶子里，把鱼吃了，把汤喝光，还挺客气地劝狐狸："吃吧，放开吃吧！"

狐狸耷拉着脑袋，饿着肚皮回家了。

【画龙点睛】

人与人之间需要更多的真诚，而不是自以为是的小聪明，没有一个人会愿意活在欺骗与虚假中。大方些，真诚地面对每一个人，你会有意想不到的收获。

承认错误的珍贵

华盛顿是美国人心目中的英雄。他领导了美国的独立战争，是美利坚合众国的创立者之一，1789 年当选为美国第一任总统。他为人正直、品德高尚，深受美国人民爱戴。为了纪念他的功绩，美国的首都就以他的名字命名。

华盛顿出生在一个大庄园主家庭，家中有许多果园。果园里长满了果树，但其中夹着一些杂树。这些杂树不结果实，影响着其他果树的生长。

一天，父亲递给华盛顿一把斧头，要他把影响果树生长的杂树砍掉，并再三叮嘱，一定要注意安全，不要砍着自己的脚，也不要砍伤正在结果的果树。在果园里，华盛顿挥动斧子，不停地砍着。突然，他一不留神，砍倒了一棵樱桃树。他害怕父亲知道了会责怪他，便把砍断的树堆在一块儿，将樱桃树盖起来。

傍晚，父亲来到果园，看到了地上的樱桃，就猜到是华盛顿不小心把果树砍断了，尽管如此，他却装做不知道的样子，看着华盛顿堆起来的树说："你真能干，一个下午不但砍了这么多树，还把砍断的杂树都堆在了一块儿。"听了父亲的夸奖，华盛顿的脸一下子红了。他惭愧地对父亲说："爸爸，对不起，只怪我粗心，不小心砍倒了一棵樱桃树。我把树堆起来是为了不让您发现我砍断了樱桃树。我欺骗了您，请您责备我吧！"

父亲听了之后，哈哈大笑，高兴地说："好孩子！虽然你砍掉了樱桃树，应该受到批评，但是你勇敢地承认了自己的错误，没有说谎或找借口，我就原谅你了。你知道吗，我宁可损失掉 1000 棵樱桃树，也不愿意你说谎逃避责任！"华盛顿不解地问："承认错误真的那么珍贵吗，能和 1000 棵樱桃树相比？"

父亲耐心地说："敢于承认错误是一个人最起码的品德。只有敢于承担责任的人才能在社会上立足，才能取得别人的信任。看到你今天的表现，我就放心了。以后把庄园交给你，你肯定会经营好的。"

【画龙点睛】

敢于承认错误是一个人最起码的品德。只有敢于承担责任的人才能在社会上立足，才能取得别人的信任。

关于信任的一堂课

多年以前，勒莱·利伯里希曾听过一堂关于"信任"的课。那堂课的主题是探讨人与人之间的关系，老师奥尔格先生问听课的学生，什么才是真正的信任？大家给出的答案五花八门。奥尔格先生听后没有发表自己的见解，而是话锋一转，突然向他们解释起物理学上著名的"钟摆原理"：钟摆自最高点往下运动，它来回摆动达到的高度点绝不会高于最高点。由于摩擦力和重力的作用，它的摆动幅度会越来越小，直至最后完全静止。

为形象说明这一点，奥尔格先生当场做了演示。他用一根 3 英寸长的细线绑了一把钥匙，再用图钉将线的一头固定在黑板上。然后他将钥匙拨到一定的高度，放手让它左右自由摆动。奥尔格先生在一旁观测它运动的轨迹，在每次钥匙摆动达到的高度点，用粉笔在黑板上做出记号。大约一分钟以后，钥匙完全停止摆动。黑板上的记号完全印证了钟摆原理。

做了这个实验之后，奥尔格先生问大家，是否信任他，是否相信钟摆原理。所有的同学都举起手来表示相信。在得到学生们肯定的回答后，他叫人从外面抬进一口硕大的钟，并让人把它悬挂在教室的钢筋横梁上。接着，他请一位同学坐到桌子上的一把椅子上。那把椅子靠背贴着墙，这位同学坐下后后脑勺恰好贴着水泥墙壁。然后，奥尔格先生将钟推到距离这位同学鼻子只有 1 英寸的地方。一切就绪后，奥尔格先生再一次为大家解释了钟摆原理，接着说道："这口钟有 270 磅重，我在距他鼻子 1 英寸处放开钟，钟再次摆回时，离他鼻子的距离只会多于 1 英寸，绝不会碰到他的鼻子，更不会撞上他。"

然后，奥尔格先生看着这位同学的眼睛，问："你相信这个物理原理吗？我向你保证，你不会受伤，你信任我吗？"大家都注视着这位同学，他脸上汗珠直冒，最后他才点了点头。"谢谢。"奥尔格先生说着放开了那口钟。伴随着呼呼的声音，这个庞然大物从最高点往斜下方坠，迅速摆向另一端。在到达另一端的最高点后，突然转向往回摆动，朝着这位同学坐着的地方迫近。然后，就在几十双眼睛的注视之下，这位同学大叫一声，在钟还未靠近自己时，几乎是从桌子上一跃而起，避开了似乎要把他撞得头破血流的重物。随后，大家看见这口钟在离椅子不远的点停住了，接着又摆回去。根据钟到墙壁的距离判断，钟绝对不会撞到那位同学——如果他还坐在那里的话。

屋子里鸦雀无声。奥尔格先生微笑着问大家："他相信钟摆原理吗？他信任我吗？"同学们都异口同声："不！"

【画龙点睛】

表面上的信任和真心的信任有着截然不同的两种表现，前一种不需要负任何责任，而后一种代表着一个人的做人原则、生活态度等等。

信任交换

那天逛完街后，我双手提着大包小包刚买的衣服、鞋子，走进了麦当劳。

进门后，走到餐厅的一个角落里坐下，才发现自己不知道该如何去买吃的。因为在这个拥挤的快餐厅里，要带着一大堆衣服、鞋子去柜台买东西很困难；把这些丢在一个角落里再去柜台买吃的，又怕被人顺手拿走。

环顾了一周，没有发现有空闲的工作人员，只看到旁桌上坐着一个清秀的女孩，一个人坐在那里，没点东西，身边放着大包小包的一大堆东西，大概是在等自己朋友买食物回来，我便冲她笑了笑，求道："你能帮我看一下我的几个包吗？"

女孩有些意外，随后便开心地微笑起来，满口答应道："好！"于是我起身去买食物，薯条、可乐、汉堡，端了回来。忙不迭地对女孩说谢谢。

谁知女孩咯咯地笑着说："我也想请你帮我看一下包，行吗？我也想去买点吃的！"我恍然大悟，原来她也是一个人来进餐。没想到她居然和我一样陷入了同一种困境。我满口说——好！好！好！

她起身去买了食物回来，坐在我身边吃了起来。我笑着问她："你怎么不怕我偷你东西呢？"

她回答道："你都这么信任我，我怎么会怀疑你呢？何况你有一张善良的脸孔！"

【画龙点睛】

信任是可以传递的，哪怕是在两个陌生人戒备森严的心间，只要你信任对方，反过来对方也信任你。

百年契约

他是一个慈父，深爱着自己的儿女，为了他们能过上幸福生活，他一天到晚在土地上辛勤劳作。经过多年努力，他把附近的土地都买了下来，成了富甲一方的农场主。那块地丰饶肥沃，面积很大，边界是一处陡峭的悬崖，崖下河水清清。

一次，他把最小的儿子带在身边，到庄园里去巡视。孩子才5岁，见什么都新奇，趁父亲不注意，就溜到园子里，一个人玩开了。中午时分，他四处寻儿不见，心慌气躁，急得快要掉泪了。最后，他发现了儿子的尸体，原来，可怜的儿子坠入危崖，溺水身亡。

遭遇如此不幸，他简直要发疯了。为了能够天天"看见"儿子，他在庄园里垒了一个小坟冢，每天黄昏，步行到陵墓前，伫立在风中忏悔，脸上淌泪，伤心欲绝。这一年是公元1797年。

几年后，他家道中落，不得不转卖自己的庄园。出于对儿子的爱，他

对承买人提出了一个要求：我儿子的陵墓必须作为土地的一部分，永远不要毁掉，并且将这一要求郑重地写进了契约。

墓地上野草青了又黄，黄了又青，多少年过去了，土地的主人换了一茬又一茬，百年流转过程中，孩子的名字都流失了。但是，这个无名孩子的陵墓在一张又一张契约的保护下完好无损。

100 年后，这块风水宝地被政府圈定为格兰特将军的陵园。纽约市政府遵守关于墓地的契约，把这个无名孩子的陵墓保留下来。格兰特将军就安置在这个无名孩子的陵墓的旁边，孤独了百年的孩子，有了一个伟人做伴。格兰特将军是美国第 18 届总统，南北战争时期的北方军统帅，这么一个英武的将军，改变历史的风云人物，死后竟与一个无名孩子毗邻而居，这不能不算一大奇观。

1997 年，时任纽约市市长的朱利·安尼来到已是河边公园一部分的格兰特将军陵园，隆重纪念格兰特将军逝世 100 年。与此同时，朱利·安尼市长作为土地主人的代表亲自签约，承诺让无名孩子的墓永远存续下去，并把这个故事刻在木碑上，竖在无名孩子陵墓旁。如果孩子的父亲在天有灵，知道一约传百年依然不变样，应该含笑九泉了。

一份普通的契约能够维持 200 多年，不能不让人感叹。道理很简单，既然承诺了，就一定做到。

【画龙点睛】

墓地的新主人完全可以毁约，将土地辟为他用，谋取更大利益，但是，他们却一代一代地遵守着契约，将诚信的火把坚定地传了下去。他们相信，诚信是自己的第二生命，是将自己从庸碌人生提升出来的阶梯。

玫瑰花诺言案

1977 年 4 月 22 日，法国总统德斯坦访问卢森堡，将一张 4936784.68 法郎的支票，交到卢森堡第五任大公让·帕尔玛的手上，以此来了却持续了 180 年的"玫瑰花诺言"案。

"玫瑰花诺言"发生在 1797 年 3 月 17 日。当时，法国皇帝拿破仑在卢森堡大公国访问，在参观国立卢森堡小学时，他向该校赠送了一束价值 3 个金路易的玫瑰花，并许诺只要法兰西共和国存在一天，将每年送上一束，以做两国友谊的象征。

拿破仑离去之后，由于忙于战事，最后把这一诺言给忘了。1894 年，卢森堡大法官萨巴·欧白里郑重向法兰西共和国提出"玫瑰花诺言"问题。要求法国政府在拿破仑的声誉和 1374864.76 法郎（3 个金路易的本金，按复式利率 5% 计算，存期 98 年）之间进行选择。此后成为外交惯例，每年的 3 月 17 日，卢森堡都要重提此事，致使法国的历任总统在访问卢森堡时，都要在谈完正事之后，顺便提一下"玫瑰花诺言"之事，以示没有忘记。

据说，促使德斯坦总统了结"玫瑰花诺言"问题的，是他家的宠物犬庞贝。

一天，他带庞贝在农场散步，礼帽一下被吹跑了，由于风较大，转眼就消失得无影无踪。德斯坦对庞贝说："宝贝，看你的了，回来我会好好奖励你的！"

不到一刻钟，庞贝就把帽子找了回来。回到住处，德斯坦总统从冷藏柜里拿出两只山羊睾丸奖励庞贝。就在它吃完第一只，准备要第二只的时候，电话铃响了，总统在去接电话时，下意识地将那只山羊睾丸装进自己的口袋。

接完电话，德斯坦总统就从后门乘车走了。出了农场，他才发现自己闹了笑话，于是掏出那只山羊睾丸，扔给了路边的一群山鹰。

自此，他的宠物犬庞贝落下一个毛病，见到他就立起身子，就用前爪

扒他的口袋。起初，德斯坦总统不知道是因为自己欠了它一只山羊睾丸，直到三个月后再次带它在农场散步，才想起自己的许诺没有完全兑现。德斯坦总统找出原因之后，有意在口袋里装了一只。据总统讲，自庞贝吃了他从口袋里掏出的那份奖品，再没有扒过他的口袋。

德斯坦总统在一次内阁会议上讲完庞贝的故事，说："了结'玫瑰花诺言'的时候到了"。最后，会议上以236票对5票通过了总统的提议。后来，德斯坦作为法国前总统又担任了欧盟制宪委员会主席的职务，他之所以能担任这个职务，据说是因为整个欧洲认为，他是一个最值得信赖的人。

【画龙点睛】

许下的诺言，一定要兑现。如果没有兑现，下次见面时也一定要重新提起；不要心存侥幸，认为诺言会悄悄地溜走。请记住，普天下没有一个人会愉快地忘掉别人的诺言，哪怕是一只狗。

体恤他人，宽大为怀

带朋友回家

这是一个来自越战归来的士兵的故事。他从旧金山打电话给他的父母，告诉他们："爸妈，我回来了，可是我有个不情之请。我想带一个朋友同我一起回家。""当然好啊！"他们回答，"我们会很高兴见到的。"

不过儿子又继续下去："可是有件事我想先告诉你们，他在越战里受了重伤，少了一条胳臂和一只脚，他现在走投无路，我想请他回来和我们一起生活。"

"儿子，我很遗憾，不过或许我们可以帮他找个安身之处。"父亲又接着说，"儿子，你不知道自己在说些什么。像他这样残障的人会对我们的生活造成很大的负担。我们还有自己的生活要过，不能就让他这样破坏了。我建议你先回家然后忘了他，他会找到自己的一片天空的。"就在此时儿子挂上了电话，他的父母再也没有他的消息了。

几天后，这对父母接到了来自旧金山警局的电话，告诉他们亲爱的儿子已经坠楼身亡了。警方相信这只是单纯的自杀案件。于是他们伤心欲绝地飞往旧金山，并在警方带领之下到停尸间去辨认儿子的遗体。

那的确是他们的儿子，但惊讶的是儿子居然只有一条胳臂和一条腿。

【画龙点睛】

大多数人要去喜爱面貌姣好或谈吐风趣的人很容易，但是要喜欢那些造成我们不便和不快的人却太难了。我们总是宁愿和那些不如我们健康，美丽或聪明的人保持距离。放下你的残酷吧，请无怨无悔地爱，无怨无悔地去接纳。

为冷漠付费

1935 年，一件简简单单的偷窃案正在纽约最贫穷脏乱的区的法庭上审理。当时，拉瓜地亚刚刚出任纽约市市长。他坐在法庭的角落里，亲眼目睹了这桩偷窃案的审理始末。被指控的嫌疑犯是一位白发苍苍的老妇人。她的脸呈灰绿色，乍一看就知道她的健康状况极其糟糕，患有严重的营养不良。

事情其实很简单，老妇人在偷窃面包时，被面包店老板当场抓住，并被送到了警察局，最终被指控犯了偷窃罪。审判长威严地注视着这个瘦弱的老人，询问她是否清白或愿意认罪。老妇人嗫嚅着回答："是，我承认。我确实偷了面包，因为我家里还有几个饿着肚子的孙子，他们已经两天没有吃到任何东西了。如果我不给他们点东西吃，他们会饿死的。我需要那些面包。"

审判长听完被告的申诉，平静地回答道："尽管如此，我必须秉公办事，维护法律的尊严，你可以选择 10 美元的罚款，或是 10 天的拘役。"

由于案情简单，被告供认不讳，庭审很快就结束了。就在法官宣布退庭前，一直坐在旁听席上的市长拉瓜地亚站了起来。他脱下了自己的帽子，放进去 10 美元，然后转身对着旁听席上的其他人说："现在，请在座的每一个人都交出 50 美分的罚金。我们每一个人都应该为自己的冷漠付费，因为我们生活在这样一个需要白发苍苍的老祖母去偷面包来喂养孙子的城市。"

旁听席上的气氛变得肃穆起来。所有的人都惊讶极了，但是每个人都默默地拿出50美分捐了出来。

这场70多年前就已经结案的庭审，至今仍然感动人心。

【画龙点睛】

有一句话是这么说的，爱的反义词不是恨，而是冷漠。让我们都打开心门，让阳光住进来，让这个世界多分一些关怀，给角落中受伤的灵魂；多分一点爱，给那些陌生的面孔。把冷漠变成爱，世界将更温暖！

管鲍之交

春秋时鲍叔牙和管仲是好朋友，两人相知很深。

他们俩曾经合伙做生意，尽管一样地出资出力，但分利的时候，管仲总要多拿一些。别人都为鲍叔牙鸣不平，鲍叔牙却说："管仲不是贪财，只是他家里穷啊！"

管仲几次帮鲍叔牙办事都没办好，三次做官都被撤职，别人都说管仲没有才干，鲍叔牙又出来替管仲说话："这绝不是管仲没有才干，只是他没有碰上施展才能的机会而已。"

更有甚者，管仲曾三次被拉去当兵参战却三次逃跑，人们讥笑他贪生怕死。鲍叔牙再次直言："管仲不是贪生怕死之辈，他家里有老母亲需要奉养啊！"

后来，鲍叔牙当了齐国公子小白的谋士，管仲却为齐国的公子纠效力。两位公子在回国继承王位的争夺战中，管仲曾驱车拦截小白，引弓射箭，正中小白的腰带。小白弯腰装死骗过管仲，日夜驱车抢先赶回国内，继承了王位，称为齐桓公。于是公子纠失败被杀，管仲也成了阶下囚。

齐桓公登位后，要拜鲍叔牙为相，并欲杀管仲报一箭之仇。鲍叔牙坚辞相国之位，并指出管仲之才远胜于己，力劝齐桓公不计前嫌，用管仲为相。齐桓公于是重用管仲，果然如鲍叔牙所言。管仲的才华逐渐施展出来，终使齐桓公成为春秋五霸之一。

【画龙点睛】

千百年来，"管鲍之交"一直被誉为交友的最高境界，所谓春秋霸业早已是过眼云烟，但鲍叔牙宽阔无私的胸怀却永久地被人称道。

宽厚的狄仁杰

有一次，武则天皇帝派宰相张光辅到汝南去讨伐造反的李贞，由于老百姓起义反李贞，李贞很快就被打败，全家自杀。可是李贞的党羽有2000多人，全部被张光辅判了死刑。狄仁杰那时在豫州做刺史，听到了这件事，打抱不平，连忙写了一封奏章给武则天，说那2000多个李贞的党羽，不过是被李贞威胁，根本就不是存心造反，如果把他们统统杀死，实在是冤枉，也未免太残忍了，因此请求宽免。武则天听了狄仁杰的话，便把这2000多人免去死罪，改罚到边境去服役。

张光辅消灭了李贞，自以为有功，纵容他的士兵，到处抢劫，闹得民间鸡犬不宁。狄仁杰看不过眼，就向张光辅提出抗议。

张光辅心里很恨狄仁杰，到京城，马上向武则天进谗言，说狄仁杰的坏话；武则天误信张光辅的话，就把狄仁杰贬到复州去做刺史。但是，狄仁杰毕竟是个有才能的好人，不久，武则天醒悟过来，又升狄仁杰到京城来做大官。

有一天，武则天对狄仁杰说："你在外面做官，成绩很好；因为有人讲你的坏话，我一时未察，才把你贬到复州去，你要知道讲你坏话的那个人吗?"狄仁杰答道:"如果我有过失，应该把它改掉；要是没有过失，我的心已经很安乐了，何必要知道说我坏话的人呢?"我们从这些话中，就可以想见狄仁杰宽厚待人的风度了。

【画龙点睛】

宽则能容，厚则能载；宽厚者，必包容。宽则能纳，纳故能宽;"宽"，即是一种包容。大江滚滚东去，泥沙俱下；纳其流，必容其沙；大海之所以无限宽阔，与其广纳百川息息相关。厚则能载，载故能厚;"厚"，亦是一种包容。四季芸芸众生，良莠不齐；载其生，则必容其过；大地之所以无比深厚，与其恩载万物同样一脉相承。《易经》云：地势坤，君子以厚德载物。一个品行宽厚的人，必然拥有一颗伟大的包容之心，必然有着大海一般宽广的胸怀与大地一般深厚的行为。

爱能化解仇恨

从前，有一位非常富有的商人，在他年事已高时，便决定把家产分给三个孩子，但在分财产之前，他要三个儿子去游历天下做生意。

临行前，富商告诉孩子们:"你们一年后要回到这里，告诉我你们在这一年内，所做过的最高尚的事。我的财产不想分割，集中起来才能让下一代更富有；只有一年后能做到最高尚事情的那个孩子，才能得到我的所有财产!"

一年很快过去了，三个儿子都回来了。他们都叙述了自己在这一年中做过的最高尚的事。

老大先说:"我在游历期间，曾遇到一个陌生人，他十分信任我。将一袋金币交给我保管。后来他不幸过世，我将金币原封不动地交还他的家人。"

父亲:"你做得很好，但诚实是你应有的品德，称不上高尚的事情!"

老二接着说："我旅行到一个贫穷的村落，见到一个衣衫破旧的小乞丐，不幸掉进河里，我立即跳下马，奋不顾身地跳进河里救起那个小乞丐。"

父亲："你做得很好，但救人是你应尽的责任，还称不上高尚的事情！"

老三迟疑地说："我有一个仇人，他千方百计地陷害我，有好几次，我差点死在他的手中。在我旅行途中，有一个夜晚，我独自骑马走在悬崖边，发现我的仇人正睡在崖边的一棵树旁，我只要轻轻一脚，就能把他踢下悬崖；但我没这么做，我叫醒他，让他继续赶路。这实在不算做了什么大事……"

父亲正色道："孩子，能帮助自己的仇人，是高尚而且神圣的事，你办到了，来，我所有的产业将是你的。"

【画龙点睛】

"爱产生爱，恨产生恨"，懂得用宽容的心去看待仇恨自己的人，甚至能帮助对方摆脱危险，这样的人，才是真正高尚的人。

过 桥

有一位绅士有件急事要去处理，在去的路上要经过一座独木桥。到了独木桥之后，准备过桥时，刚走几步便遇到一个孕妇。绅士很礼貌地转回身回到桥头让孕妇过了桥。孕妇一过桥，绅士又走上了桥。这次都走到桥中央了，又遇到了一位挑柴的樵夫，绅士二话没说，回到桥头让樵夫过了桥。第三次绅士再也不冒然上桥，而是等独木桥上的人过尽后，才匆匆上了桥。眼看就到桥头了，迎面赶来一位推独轮车的农夫。绅士这次不甘心回头，摘下帽子，向农夫致敬："亲爱的农夫先生，你看我还有两步就要到桥头了，能不能让我先过去？"农夫不干，把眼一瞪，说："你没看我推车赶集吗？"话不投机，两人争执起来。这时河面上浮来一叶小舟，舟上坐着一个胖和尚。和尚刚到桥下，两人不约而同地请和尚为他们评理。

和尚双手合十，看了看农夫，问他："你真的很急吗？"

农夫答道："我真的很急，晚了便赶不上集了。"和尚说："你既然急着去赶集，为什么不尽快给绅士让路呢？你只要退那么几步，绅士便过去了，绅士一过，你不就可以早点过桥了吗？"

农夫一言不发，和尚便笑着问绅士："你为什么要农夫给你让路呢，就是因为你快到桥头了吗？"

绅士争辩道："在此之前我已给许多人让了路，如果继续让农夫的话，便过不了桥了。"

"那你现在还不是没过去吗？"和尚反问道，"你既然已经给那么多人让了路，再让农夫一次，即使过不了桥，起码保持了你的风度，何乐而不为呢？"绅士满脸涨得通红。

【画龙点睛】

人生旅途中，我们是否也有类似的经历呢？其实，给人方便，也就是给己方便啊！

宽容"冠军"

2004年8月23日，雅典奥运会男子单杠决赛正在进行。28岁的俄罗斯老将涅莫夫第三个出场，他在杠上一共完成了直体特卡切夫、分体特卡切夫、京格尔空翻、团身后空翻2周等连续6个空翻和腾越，非常精彩，只是落地往前跨了一步。他征服了观众，但是裁判只给了他9.725分！

此刻，体操史上少有的情况出现了：全场观众愤怒了，他们全都站立起来，报以持久而响亮的嘘声，比赛不得不被打断。

回到休息处的涅莫夫埋首解下手上的层层绷带，脸上不带任何表情，

裁判的不公早已不能让历经沧桑的他心头再起波澜，他是由于对体操的执著和热爱才仍然在这块场地上坚持奋斗的。但是现场的俄罗斯观众率先表示了对裁判的不满，他们开始挥舞俄罗斯国旗，对裁判报以阵阵的嘘声。

观众席上的热情被点燃了，嘘声更响了，本来应该上场的美国的保罗·哈姆虽然已经准备就序，却只能双手沾满镁粉站立在原地。裁判席上的裁判们开始交头接耳，对目前的情况进行商讨。这时，俄罗斯体操代表团的代表开始走向裁判席和裁判长进行交涉。

涅莫夫仍然一副冷峻的表情，只是间或向观众挥手致意；涅莫夫的回应让观众的反应更加剧烈了。面对着如此感人的场面，涅莫夫冰山般的面容也开始融化，他露出了成熟的微笑，边向着观众鼓掌，边站立起来，向同时朝他欢呼的观众挥手致意，并深深地鞠躬，感谢观众对自己的热爱和支持。涅莫夫的大度反而进一步激发了观众的不满，嘘声更响了，很多观众甚至伸出双手，拇指朝下，做出不文雅的鄙视动作。不同国度的观众这个时候结成了同盟，俄罗斯的、意大利的、巴西的……不同的旗帜飞舞着。

但涅莫夫身旁的队友却压制不住心头的不满，反而高举手臂调动观众的情绪；这时涅莫夫的脸也转向了裁判席，可是同一张脸上却微笑不再，深邃的眼眶中射出冷冷的光芒。裁判席上的讨论更加激烈了，这一幕让涅莫夫哑然失笑。

在如此巨大的压力下，裁判终于被迫重新打分，这一次涅莫夫得到了9.762分。裁判的退让根本不能平息观众的不满，观众的嘘声反而显得更为理直气壮。重新准备开始比赛的保罗·哈姆又只能僵立在原地。

这时，涅莫夫显示出了非凡的人格魅力和宽广胸襟，他重新回到场地上，心爱的单杠边。只见涅莫夫先是举起强壮的右臂表示感谢观众的支持，接着伸出右手食指做出禁声的手势，请求观众给保罗·哈姆一个安静的比赛环境，然后具有大将风范地双手下压，要求观众们保持冷静。

【画龙点睛】

在那次比赛中，涅莫夫虽然没有拿到金牌，但他仍然是观众心中的冠军：他没有打败对手，但他以自己的宽容征服了观众。在生活中，出现摩擦、不快和委屈，是常有的事。我们不能以针尖对麦芒，因为怨恨就像是一只气球，越吹越大，最后会膨胀到无法控制的地步。面对怨恨，我们应该不念旧恶，不计新仇，能宽容时就宽容，得饶人处且饶人。

"搬运工"

托尔斯泰虽然很有名，又出身贵族，却喜欢和平民百姓在一起，与他们交朋友，从不摆大作家的架子。

一次，他作长途旅行时，路过一个小火车站。他想到车站上走走，便来到月台上。这时，一列客车正要开动，汽笛已经拉响了。托尔斯泰正在月台上慢慢走着，忽然，一位女士从列车车窗里冲他直喊："老头儿！老头儿！快替我到候车室把我的手提包取来，我忘记提过来了。"原来，这位女士见托尔斯泰衣着简朴，还沾了不少尘土，把他当做车站的搬运工了。

托尔斯泰赶忙跑进候车室拿来提包，递给了这位女士。

女士感激地说："谢谢啦！"随手递给托尔斯泰一枚硬币，"这是赏给你的。"

托尔斯泰接过硬币，瞧了瞧，装进了口袋。

正巧，这位女士身边有个旅客认出了这个风尘仆仆的"搬运工"就是托尔斯泰，就大声对女士叫道："太太，您知道您赏钱给谁了吗？他就是列夫·托尔斯泰呀！"

"啊！老天爷呀！"女士惊呼起来，"我这是在干什么事呀！"她对托尔斯泰急切地解释说："托尔斯泰先生！托尔斯泰先生！看在上帝面儿上，请别计较！请把硬币还给我吧，我怎么会给您小费，多不好意思！我这是干出什么事来啦！"

"太太，您干吗这么激动？"托尔斯泰平静地说，"您又没做什么坏事！这个硬币是我挣来的，我得收下。"

汽笛再次长鸣，列车缓缓开动，带走了那位惶惑不安的女士。托尔斯泰微笑着，目送列车远去，又继续他的旅行了。

【画龙点睛】

在与别人交往的时候，能够做到遭人误解不但不恼，反而注意不伤害对方的面子的人，品德是高尚的。

 特殊的门票

一座小镇上来了一个马戏团，人们都很兴奋，争先恐后去购票观看表演。一个孩子听说后，也跑回家，央求父亲带他去看，其他的7个孩子也跑过来，一齐围在父亲的身边哀告请求。父亲耐不住软磨硬泡，终于答应了。

这是一个俭朴的家庭，一家人都很勤劳，却没什么钱，但父亲想："一张门票能贵到哪里呢!"于是，父亲带着8个穿着干净衣裳的孩子出门了。孩子们手牵着手站在父亲的身后规则地排着队，等候买票。他们不停地谈论着将要上演的节目，好像他们就要骑上大象在舞台上表演似的。

终于轮到他们了，售票员问："先生，您要几张票?"

父亲神气地回答："请给我8张小孩的，1张大人的。"

售票员说："给您票，请收好。一共是20英镑。"

父亲的心颤了一下，转过头把脸垂了下来，咬了咬嘴唇，又问："对不起，您刚才说的是多少钱?"

售票员又报了一次价。父亲眼里透着痛楚的目光。他实在不忍心告诉他身旁兴致勃勃的孩子们：我们的钱不够!

一位排在他们身后的男士目睹了这一切。他悄悄地把手伸进口袋，把一张20英镑的钞票拉出来，让它掉到地上。然后，他拍拍那个父亲的肩膀说："对不起，先生，您掉了钱。"

父亲回过头，明白了原因。他眼眶一热，紧紧地握住男士的手："谢谢，先生。这对我和我的家庭意义非常重大。"

【画龙点睛】

生活中小小的善行，不过是举手之劳，却能为他人解决莫大的困难，为社会增添一分爱的温暖，也给自己留下付出的快乐和内心的安宁，何乐而不为呢？善待社会，善待他人，并不是一件复杂的事，只要心中常怀善念，处处皆有爱的光辉闪现。有时候，一个发自真诚与爱的小小举动，就会铸就博爱的人生舞台。

怨恨留在监狱

1991 年，南非的民族斗士曼德拉当选为总统，他在总统就职典礼上的举动震撼了世界。

曼德拉当年曾因领导反对白人种族隔离政策的运动而入狱，白人统治者把他关在荒凉的大西洋小岛——罗本岛上。曼德拉住在总集中营的一个"锌皮房"里，每天早晨都要排队到采石场做苦工，有时还要从冰冷的海水里捞取大量的海带。因为曼德拉的身份不同，专门用来看押他的看守就有 3 人。曼德拉在这里整整度过了 27 年。

总统就职仪式开始时，曼德拉首先起身致辞欢迎所有来宾。在介绍了来自世界各国的政要后，他说，令他最高兴的是当初看守他的 3 名前狱方人员也能到场。他真诚地邀请他们站起身，以便把他们介绍给大家，然后站起身来，恭敬地向这 3 个看守致敬。

此时，在场的所有来宾以至整个世界，都静下来了。曼德拉以他博大的胸襟和宽宏的精神，让那些残忍地虐待了他 27 年的白人感到汗颜，同时也使所有到场的人肃然起敬。

后来，曼德拉向朋友解释说，自己年轻时性子非常急，脾气很暴躁，正是在狱中学会了如何控制情绪，所以才得以存活了下来。牢狱岁月给了他很多时间自省和激励，也使他学会了如何处理自己在遭遇苦难时的痛苦。曼德拉经常说起他获释出狱时的心情："当我走出狱室，迈过那扇通往自由的监狱大门时，我已经完全清楚了，若不能把悲痛和怨恨留在身后的监狱里，那么我自己其实仍是生活在狱中。"

【画龙点睛】

人生的苦难其实是一种难得的经历，原谅和宽容伤害自己的人，不是失去，而是一种获得。我们每个人都需要反思：我们要怎样才能走出自己心灵的"牢狱"？学会宽容，宽容世界，宽容一切，你的人生会在宽容中无限扩大。

把坏刻在冰上

凯文和好朋友罗杰结伴去旅行，一路上山明水秀，风景不错，两个人的心情也不错。两个人互相关爱，相处得很好。

转眼一个月过去了，他们俩都风尘仆仆。一天，他们要翻过一座大山时，凯文不幸失足，但就在他滑向悬崖的一瞬间，罗杰不顾自身安危，拼命拉住了他。他们登上巅峰后，凯文在附近的一块大石头上刻下：某年某月某日，好朋友罗杰救了凯文一命。

他们继续前行。一个月后，下起雪来了，他们来到一处结冰的河边，他们为踏冰而过还是寻桥而过产生了分歧，继而争吵起来。一气之下，罗杰踢了凯文一脚。凯文气极了，就跑到冰面上刻下：某年某月某日，好朋友罗杰踢了凯文一脚。

他们的旅程结束后，凯文津津有味地向自己的儿子讲述整个旅程经过，儿子听完，好奇地问爸爸："你为什么把好朋友救你的事刻在石头上，而把他踢你的事刻在冰上呢？"

凯文说："好朋友救了我，我永远都很感激他，所以刻在石头上以便牢记；至于他踢我的事，那只是朋友间的一场小纷争而已，我会随着冰上字迹的消失而忘得一干二净。"

【画龙点睛】

在日常的生活当中，就算是再好的朋友也会有摩擦，也会有伤害，但我们必须知道，对于真正的友谊来说，那些小小的伤害又算什么呢？就让它随着冰融化消逝吧。

真的不冷

在初冬的傍晚，有一辆客车正驶出市区赶往另一座小城。车出市区没多久就有一对母女上了车，母亲很柔弱，弱不禁风的样子；小女孩五六岁的样子，让母亲牵着手。她们在车厢里扫视了一下，注意到有座，于是就坐在了靠近车尾的座位上。

车行驶了不久，车厢里就有了动静，原来是母女俩晕车。售票员忙喊着："快，快，塑料袋！"她敏捷地从司机身边扯出几个塑料袋，跌跌撞撞地"跑"到车尾，把塑料袋塞给了母女俩。很快，车厢里便飘散着食物酸腐的味道——母女俩晕车，并开始吐了。

这是一辆全封闭的客车，没有窗户可开。售票员嘴里嘟囔着，"咣当"一声，就把车后部的天窗推开了，霎时间一股凉气就冲了进来。果然，没多久，车尾的几个乘客便挤到了前边。后边只剩下一个学生模样的男孩和他的母亲，以及在清新空气吹拂下明显好受一点的母女俩。

天色逐渐暗了下来。男孩的妈妈好象也感觉到冷了，她问儿子："你冷吗?"儿子摇摇头说:"不冷。""真的不冷吗?""真的不冷。"

车继续前行。车窗外,暮色四起,远处的村庄、人影已经变得影影绰绰,看不清楚。车内,除了风的呼啸声,变得很静。这时候,又听到男孩的妈妈问:"儿子,你冷吗?要不妈妈给你把天窗关上?""妈妈,我不冷,这样才凉快呢。"男孩说完之后,顺便把妈妈加在他身上的单衣扔在了一边。

到达小城的时候,已经华灯初上。大家开始收拾行李准备下车,就在这时候,男孩一把扯起刚才扔在一边的单衣,裹在了身上。下车后,男孩的妈妈唠叨了起来:"你不是说你不冷吗?我说关上窗户,你说不用,看冻成这样。"她一边说,一边埋下头,给儿子紧紧地系好衣扣。男孩则规规矩矩地站在母亲面前,任由她含着无限疼爱地埋怨着。

最后,男孩低声对他的母亲说:"妈妈,我是想,后边的那个妹妹,还有那个阿姨,她们晕车,肯定比我受点儿冷更难受,所以,我冷,但我不想喊出来……"

【画龙点睛】

我们或许很容易被这个世界的冷漠所淹没,但就在我们快被淹没的一霎那,一个孩子却让我们无地自容了。发自内心的关爱,就是有这样的力量。

水盆与大海

师傅让弟子到集市上买东西,弟子回来后,满脸不高兴。

师傅便问他:"到底发生了什么事,你这么生气?"

"我在集市里走的时候,那些人都看着我,还嘲笑我。"弟子噘着嘴巴说。

"为什么呢?"

"他们笑我个子太矮，可他们哪里知道，虽然我长得不高，但我的心胸很大呀。"弟子气呼呼地说。

师傅听完弟子的话后，什么也没说，只是拿着一个脸盆与弟子来到附近的海滩。

师傅先把脸盆装满水，然后往脸盆里丢了一颗小石头，这时，脸盆里的水溅了出来。接着，他又把一块一些的石头扔到前方的海里，大海没有任何反应。

"你不是说你的心胸很大吗？可是，为什么大家只是说你两句，你就生那么大的气，就像被丢进一颗小石头的水盆，水花到处飞溅？"

【画龙点睛】

人生的很多不快，并不是由对方引起，归根结底是由自己狭窄的心胸造成的。与其跟周围同事闹别扭、生闷气，不如试着放宽胸怀，"有容乃大"。也许懂得宽容了，就会发现周边的世界更加宽广。

 宽容恶意伤害

二战期间，一支部队在森林中与敌军相遇，激战后两名战士与部队失去了联系。这两名战士来自同一个小镇。

两人在森林中艰难跋涉，他们互相鼓励、互相安慰。十多天过去了，仍未与部队联系上。这一天，他们打死了一只鹿，依靠鹿肉又艰难度过了几天，可也许是战争使动物四散奔逃或被杀光，这以后他们再也没看到过任何动物。他们仅剩下的一点鹿肉，背在年轻战士的身上。这一天，他们在森林中又一次与敌人相遇，经过再一次激战，他们巧妙地避开了敌人。

就在自以为已经安全时，只听一声枪响，走在前面的年轻战士中了一枪——幸亏伤在肩膀上。后面的士兵惶恐地跑了过来，他害怕得语无伦次，

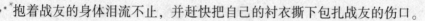

抱着战友的身体泪流不止，并赶快把自己的衬衣撕下包扎战友的伤口。

晚上，未受伤的士兵一直念叨着母亲的名字，两眼直勾勾的。他们都以为他们熬不过这一关了，尽管饥饿难忍，可他们谁也没动身边的鹿肉。天知道他们是怎么过的那一夜。第二天，部队救出了他们。

事隔30年，那位受伤的战士安德森说："我知道谁开的那一枪，他就是我的战友。当时在他抱住我时，我碰到他发热的枪管。我怎么也不明白，他为什么对我开枪？但当晚我就宽容了他。我知道他想独吞我身上的鹿肉，我也知道他想为了他的母亲而活下来。此后30年，我假装根本不知道此事，也从不提及。战争太残酷了，他母亲还是没有等到他回来，我和他一起祭奠了老人家。那一天，他跪下来，请求我原谅他，我没让他说下去。我们又做了几十年的朋友，我宽容了他。"

【画龙点睛】

即使一个非常宽容的人，也往往很难容忍别人对自己的恶意诽谤和致命的伤害。但唯有以德报怨，把伤害留给自己，才能赢得一个充满温馨的世界。

普鲁斯特的气度

18世纪，法国有两位著名的科学家普鲁斯特和贝索勒，他们是一对论敌，对定比定律的争论长达9年之久。双方针锋相对，谁也不让谁，最后以普鲁斯特的胜利而告终，他成了定比定律的发现者。

历经数年的交锋而胜利，普鲁斯特应该为此欢欣，甚至有资格对贝索勒的错误加以嘲笑和斥责。但他并未得意忘形而贬低对手，反而发自肺腑地对贝索勒表示感谢。他真诚地对贝索勒说："要不是你一次次地质疑问难，我是很难深入地研究这个定比定律的。"而且普鲁斯特还特别向公众宣告，发现定比定律是他和贝索勒共同研究的结果，贝索勒有一半的功劳！

"天空包容一切，而心却包容天空。"普鲁斯特宽容了自己的论敌。当他以浩渺宽阔的胸怀对自己的论敌伸出橄榄枝时，他获得的鲜花和掌声同他发现定比定律时一样多。从此两位杰出的科学家和谐相处，在科学界传为美谈。

莎士比亚有一段名言："宽容就像天上的细雨滋润大地，它赐福于宽容的人，也赐福于被宽容的人。"

【画龙点睛】

人际关系是一座需要彼此精心经营的大花园，只有我们每个人都甘做园丁、毫不吝惜地倾洒心灵中最温情的宽容的雨水，才能让它成为一个生机勃勃的和谐乐园。

宽宏大量使精神达到新境界

一般人总认为，做了错事得到报应才算公平。但英国诗人济慈说："人们应该彼此容忍，每个人都有缺点，在他最薄弱的方面，每个人都能被切割捣碎。"每个人都有弱点与缺陷，都可能犯下这样那样的错误。作为肇事者要竭力避免伤害他人，但作为当事人要以博大胸怀宽容对方，避免怨恨消极情绪的产生，消除人为的紧张，愈合身心的创伤。

美国第三任总统杰斐逊与第二任总统亚当斯从恶交到宽恕就是一个生动的例子。杰斐逊在就任前夕，到白宫去想告诉亚当斯，他希望针锋相对的竞选活动并没有破坏他们之间的友谊。但据说杰斐逊还来不及开口，亚当斯便咆哮起来："是你把我赶走的！是你把我赶走的！"从此两人没有交谈达数年之久，直到后来杰斐逊的几个邻居去探访亚当斯，这个坚强的老人仍在诉说那件难堪的事，但接着冲口说出："我一直都喜欢杰斐逊，现在

仍然喜欢他。"邻居把这话传给了杰斐逊，杰斐逊便请了一个彼此皆熟悉的朋友传话，让亚当斯也知道他的深重友情。后来，亚当斯回了一封信给他，两人从此开始了美国历史上最伟大的书信往来。这个例子告诉我们，宽容是一种多么可贵的精神，高尚的人格。

宽容意味理解和通融，是融合人际关系的催化剂，是友谊之桥的紧固剂。宽容还能将敌意化解为友谊。戴尔·卡耐基在电台上介绍《小妇人》的作者时心不在焉地说错了地理位置。其中一位听众就恨恨地写信来骂他，把他骂得体无完肤。他当时真想回信告诉她："我把区域位置说错了，但从来没有见过像你这么粗鲁无礼的女人。"但他控制了自己，没有向她回击，他鼓励自己将敌意化解为友谊。他自问："如果我是她的话，可能也会像她一样愤怒吗？"他尽量站在她的立场上来思索这件事情。他打了个电话给她，再三向她承认错误并表达道歉。这位太太终于表示了对他的敬佩，希望能与他进一步深交。

【画龙点睛】

有句话叫"以牙还牙"，分手或报复似乎更符合人的本能心理。但这样做了，怨会越结越深，仇会越积越多，真是冤冤相报何时了。如果你在切肤之痛后，采取别人难以想象的态度，宽容对方，表现出别人难以达到的襟怀，你的形象瞬时就会高大起来，你的宽宏大量、光明磊落使你的精神达到了一个新的境界，你的人格折射出高尚的光彩。

助人者的苦恼

一个乐于助人的青年遇到了困难，想起自己平时帮助过许多朋友，他于是去找他们求助。然而对于他的困难，朋友们全都视而不见、听而不闻。真是一帮忘恩负义的家伙！

他怒气冲冲，他的愤怒这样激烈，以至于无法自己排遣，百般无奈，他去找一位智者。

智者说："助人是好事，然而你却把好事做成了坏事。"

"为什么这样说呢？"他大惑不解。

智者说："首先，你开始就缺乏识人之明，那些没有感恩之心的人是不值得帮助的，你却不分青红皂白地帮助，这是你的眼浊；其次，你手浊，假如你在帮助他们的时候同时也培养他们的感恩之心，不致让他们觉得你对他们的帮助天经地义，事情也许不会发展到这步田地，可是你没有这样做；第三，你心浊，在帮助他人的时候，应该怀着一颗平常心，不要时时觉得自己在行善，觉得自己在物质和道德上都优越于他人，你应该只想着自己是在做一件力所能及的小事。比起更富者，你是穷人；比起更善者，你是凡人。不要觉得你帮了别人，应该这样想：是上帝借着你的手帮了别人，一切归于上帝，不要归于你自己。"

【画龙点睛】

愿意帮助别人，并在需要的时候希望自己得到别人的帮助，可以说是人之常情；而真正豁达睿智的人，却善于从自己身上找原因，不会一味抱怨别人。

化敌为友

从前，苏伯比亚小镇有两个叫乔治和吉姆的邻居，但他们确实不是什么好邻居。虽然谁也记不清到底是为什么，但就是彼此不睦。他们只知道不喜欢对方，这个原因就足够了。所以他们时有口角发生。尽管夏天在后院开除草机除草时车轮常常碰在一起，但多数情况下双方连招呼也不打。

夏天的晚些时候，乔治和妻子外出两周去度假。开始吉姆和妻子并未注意到他们走了。也是，注意他们干什么？除了口角之外，他们相互间很

少说话。但是一天傍晚吉姆在自家院子除过草后，注意到乔治家的草已很高了，而自家草坪刚刚除过看上去特别显眼。对开车过往的人来说，乔治一家很显然是不在家，而且已离开很久了。于是，吉姆想这等于公开邀请夜盗入户，而后一个想法像闪电一样攫住了他。

"我又一次看看那高高的草坪，心里真不愿去帮我不喜欢的人。"吉姆说，"不管我多想从脑子里抹去这种想法，但去帮忙的想法却挥之不去。第二天早晨我就把那块长疯了的草坪除好了！"

几天之后，乔治和多拉在一个周日的下午回来了。他们回来不久，乔治就在街上走来走去，在整个街区每所房子前都停留过，最后他敲了吉姆的门。吉姆开门时，他站在那儿正盯着他，脸上露出奇怪和不解的表情。

过了很久，乔治才说话："吉姆，你帮我除草了？"这是他很久以来第一次叫邻居吉姆。"我问了所有的人，他们都没除。杰克说是你干的，是真的吗？是你除的吗？"他的语气几乎是在责备。

"是的，乔治，是我除的。我等着你为了这件事而大发雷霆！"

乔治犹豫了片刻，像是在考虑要说什么。最后他用低得几乎听不见的声音嘟囔了声"谢谢"之后，急转身马上走开了。

乔治和吉姆之间就这样打破了沉默。他们还没发展到在一起打高尔夫球或保龄球，他们的妻子也没有为了互相借点糖或是闲聊而频繁地走动，但他们的关系却在改善。至少除草机开过的时候他们相互间有了笑容，有时甚至说一声"你好"。先前他们后院的战场现在变成了非军事区。

【画龙点睛】

假如你想化敌为友，就得迈出第一步。否则，不会有任何进展。当你和别人之间发生矛盾的时候，要主动示好，采取寻求和解的行动，这样才能赢得和谐的人际关系，享受幸福的人生。

截冠公鸡

唐朝时期，有个名叫李翱的人，有一次他出门来到了陕西零口。

到了那里以后，他就住在一个老百姓家的土窑里，那家人养了22只鸡，其中7只公鸡、15只母鸡。这些鸡啄食、饮水，好接近人，李翱很喜欢它们，经常给它们喂食。这些鸡见李翱经常喂它们，所以李翱只要一从屋子里面出来，它们就会立刻迎上去。

有一次，李翱捧来一些米撒在地上，唤它们来吃。这时有只冠子被截去一半的公鸡，看见地上的米，没有立即就吃。而是仰起头来高叫，眼睛向四周望，好像在呼唤别的鸡来吃。

群鸡听到呼唤飞跑过来，抢着啄食地上的米。而对那只被截了冠子的公鸡却被群起而攻之。有的啄它，有的拖它，有的羞辱它，一直到把它赶走为止。

傍晚，群鸡成群结队栖息在堂前屋梁上，咯咯嗒嗒不停叫着，好像在聊天，讲着白天发生的事情，十分热闹。那只被截了冠子的公鸡也跑过来，想跟大家一起聊天，一起过夜。它立在屋梁下，仰起头望了望，向四处看了看，小声叫了几下，又大声叫了几下，好像在向群鸡乞求，声音十分悲哀。

屋梁上的群鸡，听到它乞求的叫声无动于衷，而且还不时地发出嗤之以鼻的声音，好像是不允许它跟它们一起过夜。那只被截冠子的公鸡无奈，只好默默离开。它来到院子里，叫了几声，飞上一棵大树顶，独自过夜去了。

恰巧李翱看到了此情此景，对这家的主人说道："被截冠子的公鸡发现食物呼唤同伴共享，这是讲义气呀！别的鸡不是因为它的呼唤才获得食物吗？为什么还要羞辱它赶它走呢？为什么不让它入群为伴呢？"

主人告诉李翱："这只公鸡是只客鸡。它是邻居陈家的鸡，因为陈家的母鸡死了，只剩下它一只鸡，所以就把它寄养在这里。这只鸡勇猛善斗，我家那六只公鸡联合起来，也不是它的对手。群鸡妒忌，所以才联合起来对付它，不让它吃食，不让它一同栖息。即使这样，那只公鸡还一如既往，见了食物仍然热情地呼唤群鸡，即使群鸡不报答它，它也不改变自己的做法。"

李翱听到主人的介绍，非常感慨地说："禽鸟，虽然是小东西，也有讲究义气、性格耿直的，也有小肚鸡肠、欺生排外的。鸡群当中都是这样，何况是人呢？何况是朋友呢？何况是朝廷呢？我一定记下这件事，让它成为社会的一面镜子。"

【画龙点睛】

人负我，我不负人。纵然受些委屈，仍初衷不改、义字当先、善待同类，这是人所应取的道德准则。

一对冤家

在一个小城的西头，住着全城最有名的法官——加里曼；在城的东头，住着全城最有名的律师——理查德。他们是一对冤家对头。

每当城里有什么案子，总是加里曼负责审判，理查德负责为人辩护。两人向来都是针锋相对，你一言我一语，谁也不会让步。时间一长，两人工作上的冲突逐渐演变成个人的恩怨，最后竟成了互不相容的仇敌。

在乡下，加里曼和理查德都有土地，而且挨在了一起，纠纷不断。两人在城里又都有店铺，加里曼开的是棺材铺，专门做死人的生意。而理查德开的是药店，打着救人性命的旗号。两个人就如同前世的冤家，在今世又重逢。

有一天，一艘商船从这里路过。从船上传出这样一个消息，说在离这里9天路程的一个孤岛上，发现了一种新的树木，如果用它来做棺材，死人的尸体永不腐烂，而且面色红润，栩栩如生；如果把它做成药材给病人服用，能够使人起死回生。

加里曼和理查德都听说了这个消息，他俩都怕对方抢占了先机，纷纷赶往码头，准备出海去买这种树。结果两人几乎在同一时刻赶到了码头。然而，仇人相见，分外眼红，他们说什么也不肯坐在一条船上，两个人便坐在码头上打起了心理战，盼望着把对方耗走。

就这样，从日出等到日落，两个人都不肯离开码头。而且都吩咐仆人回家取来吃的、穿的，甚至让他们拿来了被褥，准备在夜里继续开战。

从日落又等到日出，两个人又整整相持了一个晚上。眼看着码头上出海的船只越来越少，最后码头上只剩下一只小船还未出海，两人对望了一眼，无奈地登上这只小船。

加里曼坐在船尾，理查德坐在船头，他们谁也不理谁。

小船起航了，向那个神秘的小岛驶去。小船行驶到第三天，海上起了大风暴，狂风裹着巨浪向小船袭来。

小船哪能抵挡住这样猛烈的袭击，眼看就要倾覆了。

这时，加里曼问船尾的水手，船的哪一头先沉？那里的水手告诉他，船头先沉。

加里曼高兴地说："如果能够看到我的仇人比我先死，我就不后悔出这趟海。"

而此刻，理查德也问水手，船的哪一头先沉，水手回答说，是船尾。

理查德兴奋地说："我将看到我的仇人比我先死，死亡对我来说就没有什么痛苦了。"

两个人正说着，一个巨浪打来，小船骤然翻了过来，理查德和加里曼双双落入汪洋大海之中。

【画龙点睛】

俗话说，"退一步海阔天空"，当你被仇恨包围的时候，多想想这句话

吧，对别人付出你的宽容，这样，你将会得到很多东西，比如修养，比如尊重。

仁慈的士兵

在 17 世纪，丹麦和瑞典发生战争。一场激烈的战役下来，丹麦打了胜仗。在战争结束以后，一个丹麦士兵坐在战场上，取出水壶放到嘴边准备喝，突然听到哀求的声音。原来在不远处躺着一个受了重伤的瑞典人，正双眼看着他的水壶。

"你的需要比我大。"丹麦士兵走过去，将水壶送到伤者的口中，但是瑞典人竟然伸出长矛刺向他，幸好偏到一边，只伤到他的手臂。"嗨！你竟然如此回报我。"丹麦士兵说，"我原来打算要将整壶水给你喝，现在只能给你一半了。"

这件事后来被国王知道了，特别召见这个丹麦士兵，问他为什么不把那个忘恩负义的家伙杀掉。他轻松地回答："我不想杀受伤的人。"

一个小小的士兵，能够有如此的胸襟，实在是连国王都自愧不如。

【画龙点睛】

饶恕一次容易，饶恕两次很难。对于能够在别人以怨报德的情况下，仍然能够再原谅别人，这实在是一种非常伟大的情操。

六尺巷

清代中期，当朝宰相张英是安徽桐城人。他素来注重修身养性，颇得

他人的喜欢和尊重。同时他也非常孝敬父母，在朝廷任官时，把母亲安顿在家乡，并经常回家探望。

张老夫人的邻居是一位姓叶的侍郎。张英在一次回家看望母亲时，觉得家中的房子呈现出破败之象，就命令下人起屋造房，整修一番。安排好一切后，他又回到了京城。

正巧，侍郎家也正打算扩建房屋，并想占用两家中间的一块地方。张家也想利用那块地方做回廊。于是，两家发生了争执。张家开始挖地基时，叶家就派人在后面用土填上；叶家打算动工，拿尺子去量那块地，张家就一轰而上把工具夺走。两家争吵过多次，有几次险些动武，双方都不肯让步。

张老夫人一怒之下，便命人给张英写信，希望他马上回家处理这件事情。

张英看罢来信，不急不躁，提笔写下一首短诗："千里家书只为墙，再让三尺又何妨？万里长城今犹在，不见当年秦始皇。"封好后派人迅速送回。

张老夫人满以为儿子会回来为自家争夺那块地皮，没想到左等右等只盼回了一封回书。张母看完信后，顿时恍然大悟，明白了儿子的意思。为了三尺地既伤了两家的和气又气坏了自己的身体，这样太不值得了。

老夫人想明白了，立即主动把墙退后三尺。邻居见状，深感惭愧，也把墙让后三尺，并且登门道歉。这样一来，以前两家争夺的三尺地反而形成了一条六尺宽的巷子。

当地人纷纷传颂这件事情，引为美谈，并且给这条巷子取了一个特别的名字——六尺巷。有人还据此作了一首打油诗："争一争，行不通；让一让，六尺巷。"

【画龙点睛】

古人曰："小不忍则乱大谋。"又曰："退一步海阔天空，忍一时风平浪静。"所以，忍让有时是一种策略，它是为了更好地进。而且，表面的忍让不仅调解了矛盾，融洽了双方的关系，更重要的是它提升了自己的品性。

邻　居

　　小镇上有这样两户人家，两家相邻而居，每家都有一个十几岁的孩子。因为孩子间的游戏、嬉闹与争执，那个身高体壮的胖女人常会堵到瘦女人家的院门叫骂不停。好在做教师的瘦女人每每都以沉默回应，矛盾才一直没有升级。但两家的"仇恨"似乎像冬天的寒冰越积越厚。

　　大火焚毁小镇的那个晚上，两家的男主人都到山上扑火去了。当瘦女人被火啸声和逃命声惊醒，拉拽着儿子跑出房门时，热浪已经能够感觉到了。就在瘦女人和儿子跑向院门时，隔壁胖女人儿子一声声哭叫妈妈的喊声穿过热浪传进瘦女人的耳中。瘦女人立刻意识到，一定是胖女人昏倒了。十几年的相邻而居，瘦女人知道，胖女人心脏不好，兴奋过度、紧张过度都会瘫晕。瘦女人的脚步停了停，只是片刻地犹豫便转向了胖女人家。果然，胖女人仰躺在地上，两眼紧闭、嘴唇抖颤，她的儿子扑在她身上，不知所措地呼叫着她。

　　瘦女人使劲地摇、拼命地喊，胖女人毫无反应。火球已经溅射到不远处的栅板上，噼啪作响，热浪更烈。瘦女人不知从哪儿来的力气，将胖女人拉到背上，一边叮嘱着两个孩子沿大街向村外河堤跑，一边踉跄着迈动了脚步。在几乎超过自己体重一倍的重负下，可想而知，没跑出多远，瘦女人就喘息急促，脚步也慢了下来，最后几乎是在一步一步地往前挪，终于还是被压倒在地上。

　　浓烟弥漫、热气灼烤，瘦女人知道大火越来越近了，她不能停，哪怕慢一慢都将会身葬火海。顾不上喘息，她试着想再背起胖女人，试了几次却都没能站起来。瘦女人趴到了地面上，将胖女人拉上后背，背着胖女人开始一点一点向村外爬。一寸一寸、一尺一尺、一米一米……

　　河堤上的人们是在村外30多米远的地方从逼近的大火中抢出瘦女人和

胖女人的。当时，胖女人昏趴在瘦女人的背上，瘦女人也已经昏死过去，双手、双肘、双膝血肉模糊，身后是一条伸向火中的血痕……

男儿膝下有黄金啊，当胖女人的丈夫从山上下来，那魁伟壮硕的40多岁的汉子，一下跪向还昏迷着的瘦女人，没有一句话，只有不止的落泪和不停磕向地面的头……

【画龙点睛】

将狭隘变得宽阔的不是灾难，是灾难里晶莹的爱与闪亮的宽容。

钢琴家与鞋匠

德国一位著名的钢琴家应一位素不相识的富翁的邀请，前去参加他的一个宴会。宴会中，富翁请钢琴家为大家演奏一曲，钢琴家勉强弹了一曲。

后来，钢琴家得知富翁是一个暴发户，以前是一个皮鞋匠。

一次，钢琴家也举行宴会，他邀请了一些名流，还邀请了暴发户和上次在他家参加宴会的一些阔少和小姐。饭后，钢琴家捧出一双破旧的皮靴，让暴发户为他补补。

暴发户不解，问："你这是什么意思？"

钢琴家说："我是钢琴家，你是皮鞋匠。上次我在你家的时候，你让我拿出我的看家本领。这次你到我家来了，你难道不愿意让大家欣赏一下你的看家本领吗？"

【画龙点睛】

让别人做他不愿意去做的事情时，一定不要强求。站在他人的角度想一想，自己假如遇到这样的情况，会比别人更难堪。古训不可忘：己所不欲，勿施于人。

 仇 恨 袋

古希腊神话中有一位大英雄叫海格力斯。一天他走在坎坷不平的山路上，发现脚边有个袋子似的东西很碍脚，海格力斯踩了那东西一脚，谁知不但没有踩破那个东西，反而使它加倍地膨胀、扩大。海格力斯非常恼怒，举起一根粗壮的木棒向它砸去，那东西竟然长大到把路堵死了。

正在这时，一位圣人从山中走了出来，他对海格力斯说："朋友，快别动它，忘了它，离开它远去吧！它叫仇恨袋，你不犯它，它便和最开始时一样小，你侵犯它，它就会膨胀起来，挡住你的路，与你敌对到底！"

【画龙点睛】

人与人相处，难免会发生摩擦，摩擦产生后，不要让仇恨占据你的大脑，要多一些宽容，这样，你的人生之路上才会少一些坎坷。

 学会谅解

一天，一个年轻的犹太妈妈带着儿子去拜访朋友。在公共汽车上，一位背着大包的青年挤进了车厢，妈妈被大包撞到了一边。

儿子关切地问："妈妈，你没事吧？"同时，他恼怒地看了那位青年一眼，喊了一句："太可恨了！"

年轻的妈妈看着儿子，说道："可不能怎么说，这位叔叔不是故意的。"这时，那位青年也连连向她道歉。儿子听到这些，惭愧地低下了头。

几天以后，妈妈早早下了班，她骑着车子来到学校，准备接儿子回家，

结果发现儿子的手破了皮，血一滴滴往下流。妈妈心疼极了，赶快找来一些纱布，将他的伤口包好。然后就去问老师是怎么回事，老师也很纳闷，因为她既没有看到他来报告，也没有听到他哭过。

妈妈不解地问："为什么不告诉老师呢?"

他笑着说道："妈妈，小朋友不是有意弄伤我的呀! 为这事，他已经深感不安了，如果我再去告诉老师，他会更加自责的。"

妈妈听了非常高兴，她摸着儿子的头说：好孩子，你已经学会了谅解别人。

【画龙点睛】

谅解是良药，它能化解矛盾，使人和谐相处。

助人解脱

纪伯伦年轻的时候，曾经拜访过一位圣人。这位圣人住在山那边幽静的林子里。

当纪伯伦和圣人谈论着什么美德的时候，一个土匪瘸着腿吃力地爬上山岭。他走进树林，跪在圣人面前说："啊，圣人，请你解脱我的罪过。我罪孽深重。"

圣人答道："我的罪孽也同样深重。"

土匪说："但我是盗贼。"

圣人说："我也是盗贼。"

土匪又说："但我还是个杀人犯，多少人的鲜血还在我耳中翻腾。"

圣人回答说："我也是杀人犯，多少人的热血也在我耳中呼唤。"

土匪说："我犯下了无数的罪行。"

圣人回答："我犯下的罪行也无法计算。"

土匪站了起来，他两眼盯着圣人，露出一种奇怪的神色。然后他就离开了他们，连蹦带跳地跑下山去。

纪伯伦转身去问圣人："你为何给自己加上莫须有的罪行？你没有看见此人走时已对你失去信任了吗？"

圣人说道："是的，他已不再信任我。但他走时毕竟如释重负。"

正在这时，他们听见土匪在远处引吭高歌，回声使山谷充满了欢乐。

【画龙点睛】

有时，在与人交往中，我们需要做的是安慰别人，而不是标榜自己。为了能够让别人快乐，自己忍受一些误解，又有什么关系呢？

原谅别人等于原谅自己

有两个同学一起大学毕业，一起去一个公司试用。他们一个叫约翰，一个叫汤姆，这之前，他们是无话不谈的哥们儿，亲如兄弟。

他们一起拜访了一位大客户，几乎谈成了一单大生意。已经有了初步的意向，只等第二天签合同。他们非常兴奋，在宿舍里喝酒庆祝。结果约翰酩酊大醉，一直睡到了第二天清晨。醒来后，发现汤姆不见了。等去了公司才知道，汤姆竟趁他烂醉如泥的时候，提前签成那单生意。当然，所有的功劳都成了汤姆一个人的。

约翰去找汤姆算账，对方却辩解说，喝完酒，心里不踏实，所以打算连夜将那个合同搞定。本想叫约翰一起去，可直叫了他半个小时，也没能把他叫醒。约翰当然不信，可是有什么用呢？因为那单大生意，汤姆升了职，并一直做到部门经理；而约翰，在很长的一段时间里，一直是公司的一个小业务员。

约翰接受了事实，继续埋头苦干，一年后也升了职。可他就是不能原谅汤姆。约翰告诉别人，只要看到汤姆那张脸，他就愤怒到几乎无法自控，恨不得将那张脸砸扁。他说，他什么都可以宽容，但就是不能够宽容卑鄙；他谁都可以原谅，就是不能够原谅汤姆。

后来，汤姆多次找到他，跟他道歉。可是约翰对他的道歉总是置之不理。

其实约翰也并不快乐，尽管他也升到了部门经理。可是同在一个公司，哪怕再小心翼翼，也难免会不期而遇。每到这时，约翰就会把头扭向一边，脸色铁青，哪怕一秒钟前他还在捧腹大笑。

约翰说他很难受。本来，犯错的是汤姆，要受到心灵惩罚的，也应该是他。怎么到最后，竟成了他自己，并且一直持续了好几年！朋友告诉他，因为他有了太多的恨。如果一个人对另一个人有了仇恨，那么，你就会不快乐。"那我怎么办？"约翰说，"要我原谅他？"

"为什么不能呢？事实上，这几年来，你一直在放大一种仇恨，而当一种仇恨在心中被无限放大，便变得根深蒂固起来。你想，心中被仇恨占满了，快乐放到哪里呢？你原谅他曾经的过错，其实对于你，也是一种解脱。"

虽然约翰对这些话抱着一种怀疑的态度，但他还是在第二天，试着跟汤姆交流了一下。结果，多年的积怨一扫而光，他们再次成了朋友。因为不必刻意回避一个同事，所以约翰的业务做得一帆风顺，并再次升了职。

【画龙点睛】

原谅了别人，就等于原谅了自己，为什么不呢？心中被仇恨占满了，快乐放到哪里呢？你原谅他曾经的过错，其实对于你，也是一种解脱。

善待高度

有一位高中女教师，在很多年之前，她的丈夫就在一场车祸中丧生了。她一个人却培育了三个博士生女儿，同时，她所教的学生也总是成绩优异。

人们常说"严师出高徒",想必这位女教师在教学上一定是一位"严师",在教育子女方面也肯定是一个"严母亲"。可让人感到意外的是,她不仅对学生温文尔雅,对子女也总是和颜悦色,并不是人们想象的那样威风八面、杀气腾腾。这样一位和蔼可亲的女教师,为何能教出了那么多成绩优异的好学生,又培养了三个出类拔萃的博士生女儿呢?

在一次采访中,她向记者透露了她教学与教子的秘诀:不要指望别人都和你的见识一样。接着,她向记者讲述了这样一个故事:20多年以前,她的女儿正在上幼儿园。有一天,她看到女儿的一张绘画作品。当时,她一下子就怔住了。孩子总是充满了想象,孩子的世界也应该是一个充满了想象的世界。可是,在她女儿的一幅名为《陪妈妈逛街》的画中,既没有高楼大厦,也没有车水马龙的情景,更没有琳琅满目的商品,有的只是数不清的大人们的腿……

奇怪……她拿着女儿的画沉思了很久,终于解开了疑惑。原来,孩子只有几岁,身高也几乎只能达到大人的腰部。走在大街上,川流不息的人群将孩子遮掩着,孩子除了能看到大人们的腿,还能看到什么呢?

女教师如梦初醒。是啊,孩子们上街看到的不是高楼大厦和车水马龙,而是大人们的腿。这是他们的身高决定的:学生对很多问题疑惑不解,这是由他们的年龄、智力和见识决定的;企业的员工看到的只是自己的工资待遇和发展前途,而不是公司的整体运行和未来发展,这是由他们所处的位置和环境决定的……并不是每个孩子都能和大人有相同的视角;并不是每个学生都能和老师一样有相同的接受能力和认知能力;并不是每个员工都能和总裁一样站在公司的全局看待问题、分析问题和处理问题……

女教师说,不要埋怨别人无知,不要指望别人和你站在同样的高度。其实,一个人所处的高度,决定了他的见识。与其埋怨别人,不如用种亲近的态度和平和的心态,去和别人交流、沟通、兼容……这样,你就可以成为一位好家长、好教师甚至是好领导。

【画龙点睛】

善待别人的高度,不要指望别人和你的见识一样,有了这个心态,和善地鼓励、推动他们。教子、教学、为人处世、管理一方，其实就是这么简单。

五彩路

一个小学校长在他的校园里巡视，当他走到教学楼后面一条正在铺筑水泥的小路前时，他发现还没有完全凝固的水泥面上有两只玻璃球。他想，一定是孩子们在课间玩耍时一不留神儿把玻璃球弹到了这里，如果现在不赶快把它抠出来，等水泥完全凝固了，那玻璃球就成了永远的镶嵌物。他弯下腰，准备伸手去抠玻璃球。突然，有两个男孩咻咻地笑着，手拉手从他身边飞快跑过，跑出几十米后，又警觉地回头，似乎是担心会遭到校长的批评。校长愣了一下，猛地意识到了什么。他摆摆手，示意那两个男孩过来。

男孩吐着舌头不情愿地走过来，手紧紧捂着口袋。校长微笑着对他们说："你们能不能借给我一样东西？"

两人齐声问："什么东西？"

校长说："你们口袋里的东西——玻璃球。"

两个男孩惊讶万分，低着头，不敢迎视校长的目光。口袋里一阵脆响之后，十多只玻璃球被交到了校长手里。

校长俯下身子，像个淘气的孩子，把玻璃球一只一只按到了水泥路面上。两个男孩连忙向校长认错，承认原先那两只玻璃球是他俩按进去的，并表决心说"再也不敢了"。

校长听了朗声大笑起来，他说："为什么要认错呢？我表扬你们两个还来不及呢！你们看，水泥路面原本多么灰暗、多么单调，但是，镶上了几只玻璃球就显得多么精神、多么漂亮！快去，告诉你们的同学，让大家把玩过的玻璃球、小贝壳、彩石子全都拿出来，砌出你们自己喜欢的图

案——心形、圆形、三角形，什么图形都可以，咱们要把这条路铺成一条五彩路!"

多少年过去，当年的孩子又有了孩子。当他们满怀信任地将自己的孩子再度送进自己的母校时，总忘不了牵着孩子的手，带他们来走这条五彩路。不再年少的心澎湃着，激荡着，在分享不尽的一份包容与睿智面前，再一次领受了生活的美好，再一次汲取了奋进的力量。

【画龙点睛】

包容就是这样一条五彩路，有了包容，生活也就变得更加美好了。

学会尊重，以礼待人

值同样的价钱

一家宠物店门口挂着一块牌子，上面写着几个字："出售刚满月腊肠狗。"这时，一个小男孩走了进来，他怯怯地问道："我可以看看那些准备出售的小狗吗？"

一个女士微笑着说："当然可以，孩子。"说完，她转身从一个狗舍里取出一个铺得很柔软的盒子。那里面躺着6只毛茸茸的小狗，3只黑颜色的，3只黄褐色的，可爱极了。小狗们都睡着了。

小男孩问："小姐，你的小狗多少钱一只？"

"很便宜的，只卖20美元。"

"这样啊。"小男孩没有继续说下去，只是蹲下身来逗弄这些活泼可爱的小狗。小狗们陆续都被弄醒了，爬来爬去，憨态可掬。他看到有一只小狗一直没有动，虽然它也在努力地爬，但一点用也没有，它的腿似乎有些问题。

"这只小狗怎么了？"小男孩问道。

"它的一条腿瘸了，它一出生就这样。医生说没有办法治疗了。"那位女士有些惋惜地说道。

"我想买这只小狗。"小男孩说。

"这只小狗不卖。"那位女士想了一下,说:"如果你想要的话,我可以把它送给你!"

"不!"小男孩认真地看着对方,一字一句地说:"我不需要您的赠予。这只小狗应该和别的小狗一样,它也值20美元!"

"但它的腿不好,不可能像别的小狗那样蹦蹦跳跳地陪你玩。"

小男孩低着头,轻声说道:"我自己也不能蹦蹦跳跳了。这只小狗正需要一个理解它的人,给它一份关爱。"说完,他卷起裤脚,露出一条严重畸形的腿。

"我的钱不够,我先付5美元,其余的钱我在三周后给您送来。可以吗?"那位女士点了点头,说:"孩子,我相信你。"

【画龙点睛】

善良和同情尽管是人类的自然本性,但对于那些弱者来说,他们更需要的是平等、自尊和尊严,也就是对其人格的尊重。真正的善良,并非自上而下的施舍,而是一种能把万物苍生视为同一高度,并真正去尊重的情怀。人性的可贵,莫过于此。

失礼的借口

查尔斯小的时候,在父亲的杂货铺里帮忙。在那儿工作的几乎都是成年人,父亲希望儿子能从他们身上学一些有用的东西。

杂货铺里原有一个不怎么受欢迎的人,伙计们背地里都叫他"堕落的家伙"。大家都知道,从道德上来讲,他绝对不是一个值得尊敬的人。查尔斯对这个人的人品也有所耳闻,所以和其他孩子一样,对他很不尊重。孩子们都称其他男性为"某某先生",而对于这个"老恶棍",他们却只愿意称他为"乔"。

查尔斯的父亲有一天无意间听到了儿子与"乔"的对话，于是便把儿子叫到办公室。

"儿子，"父亲说，"我曾经告诉过你，跟长辈说话一定要恭敬，但刚才我听见你在大声叫'乔'。"

儿子说："'先生'一词只能留给那些值得尊敬的人，而那个家伙他不配！"

"他配不配是他的事情，而你这样对待他是你的问题，现在失礼的是你，年轻人！"父亲紧接着说，"对一个人有看法不是你失礼的借口！"

【画龙点睛】

无论对什么人，都要使用敬辞，别人的堕落不是你省略敬辞的借口，其他人的不尊重也不是你不尊重的理由。使用敬辞，是一种有教养的表现。当你省略敬辞时，也降低了你的品位，甚至也会堕落成被鄙视的人。

一个有关面包的承诺

英国的一名矿工在井下挖煤时，一镐刨在哑炮上。哑炮响了，矿工当场被炸死。因为矿工是临时工，所以矿上只发放了一小笔抚恤金给死者的家人。

矿工的妻子在承受失去丈夫的痛苦后，又面临着来自生活上的压力，由于她无一技之长，只好收拾行装准备回到贫瘠的家乡。这时，矿工的队长找到了她，告诉她说矿工们都不爱吃煤矿餐厅做的早饭，建议她在矿区开个面包店，卖些面包和牛奶，一定可以维持生计的。

矿工的妻子想了想，便答应了。于是，她找人帮忙，租赁了一个店面，稍加装修，面包店就开张了。开张第一天的清晨，一下就来了9个人。随着

时间的推移，买面包的人越来越多，但却从未少过9个人，而且风霜雨雪从不间断。

时间一长，许多矿工的妻子都发现自己丈夫养成了一个雷打不动的习惯：每天早晨下井之前必须吃一个面包。妻子们百思不得其解。直至有一天，矿工的队长在一次事故中被炸成重伤。弥留之际，他对妻子说："我死之后，你一定要接替我每天去买一个面包。这是我们队9个兄弟的约定，自己的兄弟死了，他的妻子和孩子怎么生活？咱们得帮帮她。"

从此以后，每天的早晨，在买面包的人群中，又多了一位女人的身影。来去匆匆的人流不断，而时光变幻之间唯一不变的是不多不少的9个人。

时光飞逝，当年矿工的儿子已长大成人，而他饱经苦难的母亲两鬓花白，却依然用真诚的微笑面对着每一个前来买面包的人。那是发自内心的真诚与善良。更重要的是，前来光临面包店的人，尽管年轻的代替了年老的，女人代替了男人，但从未少过9个人。穿透十几年岁月沧桑，依然闪亮的是9颗金灿灿的爱心。

【画龙点睛】

爱心无价，但是人都有尊严，很多需要帮助的人的自尊心更强。所以，献爱心，首先要保护别人的尊严，营造他们自立自强的品格，不要把爱当做一种施舍。

 乞丐买饼

有一个禅宗寺院的长老，精通做大饼的技巧。他们寺院做出来的大饼又香又甜，上山来的香客都非常喜欢，纷纷花钱购买品尝，香火很是兴旺。

有一天，一个从远方来的落魄的乞丐来到寺院，吵嚷着要品尝大饼。

小和尚们看他脏兮兮的邋遢样，就不让他进厨房，双方僵持不下。

这时候长老出现了，他训斥徒弟们说："出家人慈悲为怀，你们怎么可以这样呢？"于是他亲自为这个乞丐挑选了一个大饼，恭恭敬敬地送给他品尝。

乞丐非常感动，吃完后掏出身上仅有的三文钱说："这全部是我乞讨来的钱，希望长老你能收下。"长老居然真收下了，双手合十道："施主一路走好！"

徒弟们非常纳闷，问长老说："既然是施舍给乞丐，怎么又收钱呢？"长老答道："他不远千里而来，只为品尝这大饼，所以要免费给他品尝；难得他有这么上进的心，懂得为人处事之道，所以要收下这三文钱。有了这份尊重的激励，他将来的成就必定不可限量。"

徒弟们根本不以为然，心里暗想我们师父真是老糊涂了，大概在说梦话吧。

几十年后，一位大富商专门上山来拜谢当年的一饭之恩。令许多老和尚大吃一惊的是，他居然就是当初那个花三文钱吃大饼的乞丐。

【画龙点睛】

施舍大饼能使乞丐免于挨饿之苦，收乞丐的饼钱却能满足他人格上的自尊。吃饱肚子只能解决一时之需，而精神上的尊重却能激励人的一生，这正是长老的高明之处。

戳人的手指

在一个企业管理培训班的讲台上，培训师轻轻点击鼠标，大屏幕上出现了一个身着西服的人，那人似乎是在主持一个记者招待会，在他面前，摄像机、照相机和举手的人被模糊处理掉了，最夺人眼目的是他僵硬地直

伸着的手臂和更加僵硬地直伸着的那根食指。培训师给这个画面配音道："你！你！就是你！——有什么问题？快问！"他话音一落，在场的学员就都忍不住悄声笑起来。

接着，画面一转，又一个穿西服的人出现了，只见他紧锁着眉头，食指坚定不移地指着某个方向。培训师放大了画面，我们清楚地看见了画面下面的一行小字：某某听证会。培训师又给这个画面配音道："你！你！就是你！傻愣着干吗？——有什么话？说呀你！"这下学员都没有笑。培训师再翻页，依然是衣冠楚楚的人站在主席台上，伸出一根夺人眼目的食指指向罪犯般的提问者。一连翻了七八页，那些人的食指惊人地重复着同样的画面。

安静的现场渐渐有了叹息声。这时候，培训师说："想听听我搜集这些图片的过程吗？大约5年前，我留意到了第一幅肆意指点人的摄影作品，于是，我将它加进了我的幻灯片里面，想以此提醒管理者注意自己的一些无意行为。后来，我居然接二连三地在各种媒体看到了相似的画面。我便想：只要能够截取的，我就截取下来加进我的幻灯片中，看究竟能收藏多少。刚才你们已看到了——我的藏品已多到了让我这个收藏者心痛的地步。因为指点惯了，不恭惯了，粗暴惯了，刁蛮惯了，所以，一些人用指头戳起别人来就分外自然。我想问问在座的各位，当你们的嘴按照上面的要求或者某本管理宝典上的点拨，对员工说着春风般轻柔的话语时，你们的身体和内心能不能说出同样动听的话语呢？我想，我们要表达对他人的尊重，不是会说'您、请、对不起'就OK了，我们要真正把员工、把他人放在心尖上，捧在掌心里。"

培训师说完，轻快地点了一下鼠标，画面上出现了一位衣着得体、笑容可掬的女士。只见她站在主席台上，伸出右手，掌心向上，对台下做出一个亲切的"请"的手势。画面一转，依然是这位女士，不同的衣装，不同的背景，不变的是她动人的微笑和掌心向上的亲切手势。全场学员阴郁的心，终于放晴。会场一片欢腾，仿佛画面上出现的是我们期待已久的美丽自我。培训师不失时机地说道："我相信你们已经听到了……听到了这位女士指尖上无比美妙的语言!"

【画龙点睛】

我们很可能在不知不觉中养成了不礼貌的习惯，这些习惯在很大程度上都制约了我们与别人良好的沟通。在我们与别人沟通时，可以进行换位思考，看看自己的行为是否是尊重他人的、有礼貌的。

有礼貌的劳伦斯

黑潇在加拿大渥太华时，租住在劳伦斯家里。之所以选择那里，是因为偌大一套房子，只有劳伦斯一个人住，而且价格相对低廉。

第一次见面，劳伦斯让黑潇很吃惊。年近七旬的老人居然仍能保持身材挺拔、精神矍铄，并不像想象中那般老气横秋。他满面笑容地伸出一双有力的大手，热情地在门口迎接黑潇："欢迎你，年轻人，希望我们能成为朋友!"他先领黑潇到早已收拾好的卧室放下行李，然后带他把整栋房子里里外外参观了一遍，并不厌其烦地向他介绍水龙头该怎样开关、抽油烟机该怎样使用、家里哪个地方如果不小心就有可能摔跤等等许多事项。劳伦斯神情专注，黑潇不好拒绝，只得机械地跟着他。

忙乎了半个多小时后，他们才坐在沙发上休息休息。因为刚才劳伦斯告诉黑潇的一切，连小孩儿都知道，所以，黑潇忍不住问他那样做的理由。劳伦斯回答说，他当然知道这些黑潇都明白，但他必须有话在先，这是他的职责。假如他没有事先和黑潇打招呼，万一黑潇在他家摔了一跤，他是要负法律责任的。这时，黑潇笑着说："就算真有什么意外，我也不会去告你呀!"劳伦斯的神色立即变得严肃起来："我们不能因为没人起诉而置法律条规于不顾!"

此后，每天早上 8 时，劳伦斯都会准时收拾屋子。天天如此，雷打不

动。平时黑潇外出居多，倒也无大碍，可到了周末，想睡会儿懒觉都不成。黑潇不止一次地对他说，房间自己会整理，用不着他老人家亲自操劳。他却对黑潇的话"置若罔闻"，依然我行我素。每到周末，他必会在早上 8 时来敲黑潇的门，虽然声响很小，但如若黑潇不开门，他会一直敲下去，他说这是他的工作，否则，儿子会扣他工钱的。黑潇这才知道他是帮儿子看房子，并且会得到酬劳。后来，黑潇和他解释了迟迟不开门并且婉拒他收拾房间的原因是他打搅了自己的休息，没想到，他却反过来一脸迷茫地驳斥："应该说是你影响到了我的正常工作，因为我要做清洁时你还没起床，严格上讲，这是对人的一种不尊重！更何况，你一来我就向你讲明了我每天的工作日程，并且得到了你的当面认同……"面对这样一个偏老头，黑潇实在无话可说。

不过，观念的不同，年龄的差异并没有影响黑潇和劳伦斯的交往。黑潇从内心开始喜欢劳伦斯。

黑潇到渥太华一个月以后，有一天外出办事，辗转中不慎坐错了公交车，当他发现时，车已经开出了老远。他正准备往回赶时，突然发现钱包不见了。打车返回住处是一笔很大的开销，情急之下，他决定向劳伦斯求助。没想到，劳伦斯一口答应下来："就在原地别动，耐心等我来！"

足足过了一个多钟头，劳伦斯才急匆匆地从一辆公交车上走下来。见到黑潇后，他一个劲地表示歉意，说自己年纪大了，不能亲自开车，只好坐公交车赶来。明明是黑潇给他找麻烦，他却向黑潇道歉。听他这样一说，黑潇更为感动了。一想到他年事已高，为了帮助这个外国房客而一路颠簸了那么长时间，黑潇心里的感动就会奔涌。这件事使黑潇和劳伦斯的关系更近了一步。

偶尔，黑潇不外出时，也会在家中自己动手做一些中国菜。有一天，黑潇强烈要求他与自己共进午餐，他却说什么也不同意。原来，在国外请客是要事先邀请的，被邀请者要穿正规的礼服并准备礼物。

接触的时间久了，黑潇渐渐品味出，劳伦斯的较真儿其实并不是一种单纯的"刻板"，而是一种对人生负责的态度。嘱咐黑潇注意生活琐事，体现了劳伦斯高度的防患和自律意识；每天准时收拾房间，是对工作恪尽职守；婉拒他的盛情款待，则是一种深入骨髓的礼貌。这种"刻板"或者并不现代，但却是文明的一种存在方式。

【画龙点睛】

在人与人之间的交往中，要时刻注意礼貌，这种礼貌很可能你不曾注意到，但对于别人却是十分重要的。

 "请" 的故事

有一个小词，名字叫做"请"。它住在每个人的嘴里，要时不时地出来呼吸一下新鲜空气。

可是，有个叫迪克的小男孩，他嘴巴里的"请"就很难有机会出来透透气。因为小迪克很少说"请"。

"给我面包!"

"我要喝水!"

这就是迪克说话的方式，所以，"请"在他的嘴里都快要闷死了。

迪克的哥哥约翰可不一样，他是特别讲礼貌的孩子，他的"请"总是有机会呼吸到新鲜空气。所以，一天早上吃早饭的时候，迪克的"请"就偷偷地跑到约翰的嘴巴里去了。

从那天早上开始，约翰总要说两个"请"字：

"请——请给我块面包，好吗?"

"请——请把黄油递给我，好吗?"

真是奇怪。小迪克听哥哥说话很好玩，也想学一学："嗯，给我块面包好吗?"他也想说"请"，可是，他的"请"已经跑到约翰嘴巴里去了。

晚上，迪克的"请"呼吸够了新鲜空气，又回到迪克的嘴巴里。第二

天早上，迪克学着哥哥的样子说："请给我块面包，好吗?"哈哈，"请"一大早就呼吸到了新鲜空气，它可真高兴啊。

迪克的爸爸妈妈更高兴了，因为，迪克也成了一个懂礼貌的好孩子。

【画龙点睛】

我们每个人的嘴巴里都住着一个小词——"请"。如果我们像小迪克一样，不让它出来透气，它就会偷偷到别人的嘴巴里，到那个时候，你想说"请"，都说不出来了。

巧妙换职

杰克·韦尔奇就任美国通用电气公司总裁的时候，通用电气公司正面临着一项需要慎重处理的工作：免除查尔斯·史坦恩梅兹担任的计算部门的主管职务。

史坦恩梅兹在电器方面是个天才，但担任计算部门主管却遭到彻底的失败。不过，公司却不敢冒犯他，因为公司当时还绝对少不了他这样的人才。

于是，杰克·韦尔奇亲自出马。一天，他把史坦恩梅兹叫到他的办公室，对他说："史坦恩梅兹先生，现在有一个通用电气公司顾问工程师的职务，你看这项职务由你来担任如何？我暂时还找不到合适的人来担任这项职务。"

史坦恩梅兹一听，十分高兴："没问题，只要是公司决定的，我就乐意接受。"对这一调动，史坦恩梅兹十分高兴。他知道，换职务的原因是公司觉得他担任部门主管不称职。但他对杰克·韦尔奇处理这一问题的方式颇感满意。

通用公司的高级人员也很高兴。杰克·韦尔奇巧妙地调动了这位最暴躁的大牌明星的工作，而且杰克·韦尔奇的做法并没有引起一场大风暴——因为他让史坦恩梅兹保住了面子。

【画龙点睛】

时刻注意维护别人的面子，才能减少自己丢脸的机会。

高傲的顾客

一个女孩在一家西餐厅做兼职。那里干净舒适优雅的环境吸引了络绎不绝的顾客，同时，也吸引了她这个穷学生到那里去打工。

她热情而小心地为每一个到来的顾客服务。呈菜单、倒水、上餐，每一道程序都细微而谨慎。善良的顾客在他们聊天和用餐的间隙，若是看到她小心翼翼地更换骨渣或者加水，会侧着身体微笑着客气地向她点头，说一句"谢谢"。每每此时，带着"受宠若惊"的胆怯，她总会以十倍的感激之情略带羞涩和歉意地说"不用谢"。因为他们向她说了"谢谢"，他们看到了她的劳动，他们尊重了她，所以即使有时候他们的要求有一点点的频繁和琐碎，她依然忙并快乐着。

一次，一位年轻漂亮的女顾客，挎着男友的胳膊温柔地走进来，她热情地迎去，呈菜单、倒水。那女顾客却一脸漠然，开口点单时口气高傲而且刺耳，但面向男友时，就马上露出灿烂温和的笑容。用餐过程中，女孩的服务总是显得笨拙而多余，两个客人只是自顾自地说笑，完全看不到她倒水的不方便。更有甚者，倘若她一紧张不小心洒出了水或汤，粗鄙的方言突然从那个女顾客口中蹦出，夹着女孩听不懂的字句。那种表情和语气，让女孩感到厌恶。女顾客衣着体面地坐在那儿，却显得和周围的环境那样地格格不入。

女孩心想，如果那个女顾客的亲人在这里做服务员，她还会这样对待吗？

【画龙点睛】

在人际交往中，请小心看护和保管好我们个人的格调和品位，即使对待那些不相识的服务员，也应该表达你的尊重和感谢，要知道，在别人的眼里，你的一言一行都代表着自己，请别让它们出卖了自己，消费掉了自己的"品格"。

 **礼貌先行**

有两个人到曼哈顿出差，其中有一个看到了马路对面有个卖报纸的小摊，就想过去买份报纸，让他的朋友在那等他。接过报纸后，他发现自己没带零钱，只好递过一张10美元的钞票，对卖报纸的小贩说："找钱吧。"

谁知小贩一听很不乐意，对他说："先生，我来上班可不是给人找零钱的。"

当然，这人没有买到报纸，悻悻地回到马路对面。

这时，他的朋友安慰道："不用急，你在这等我，我过去试试。"

朋友来到报摊前，递过同样的10美元钞票，对小贩说："先生，对不起，不知你是不是愿意帮我个忙？我是外地来的，想买份报纸，可是身上没有零钱，你看能不能帮我把这10美元钱换开。"

小贩听了他的话，顺手抓起了一份报纸，递给他说："拿去看吧，这次不用付钱了，等以后你有了零钱，再给我就是了。"

【画龙点睛】

无论是求人办事，还是日常交往，说话时一定要礼貌先行。说话有礼貌，就是对别人的尊重，而只有尊重别人的人，才会获得别人的尊重。因为你满足了对方的"被人尊重"的心理，就会使别人对你怀有好感，这样一来，办起事来就会顺利多了。

不吃嗟来之食

春秋时期，齐国有一年发生了大灾荒，百姓没有粮食吃，背井离乡，到处逃亡，有饿死在他乡的，有饿死在路上的。全国一片饿殍遍野的景象，情形十分凄惨。

齐宣王想尽一切办法救济灾民，但还是无济于事，宣王只能干着急，眼睁睁地看着自己的国民逃荒到别的国家去。

有个名叫黔敖的富人，派出去很多的奴役大发慈悲在路边摆些饭食，等待着饥饿的百姓来吃。

有一个几天也没有吃饭的饥民，用衣袖遮着脸，用绳子绑着鞋子，饿得眼睛都睁不开的样子，走上前来。

黔敖看见了他，就左手端着饭碗，右手提着水壶，高声吆喝他说："嗟！来食。"意思是："喂！来吃吧。"

黔敖认为在这么严重的荒年里，粮米比黄金还值钱，自己能施舍些食物给饥民，已经是了不起的义举了，所以说话的声音大些，语言也不客气。

那个人一听，觉得黔敖很不礼貌，挫伤了自己的自尊心，就扬起眉毛，瞪起眼睛，看着黔敖，说："我就是因为不受这种侮辱，不吃'嗟来之食'，才饿到这种程度！"

黔敖也意识到自己的态度不对，向他道歉，但是他坚决不吃，不愿意接受这种侮辱性的怜悯和施舍。最后，这个人终于饿死了。

【画龙点睛】

一个人的气节往往比生命还重要，我们在给予别人帮助的时候更要尊重别人的人格。

晏子使楚

春秋时期，齐国的宰相晏子虽然身矮貌丑，但是却是饱读诗书、学富五车、为人机智。

有一次，晏子作为齐国的代表，前去楚国京城谈判。

当楚王得知晏子要来到楚国的京城时，颇费了一番心思，想出了一个办法，利用晏子身材矮小的特点侮辱他，令人在京城城门旁边挖了一个小洞，让管礼宾的小官带晏子从此洞进城。

晏子一行人到了，楚国管礼宾的小官按照事先设计的方案，领他从小门进去。晏子不进，看看周围等着看笑话的人群，十分惊讶地说："啊呀，今天我恐怕来到狗国了吧？怎么要从狗门进去呢？"楚国管礼宾的小官被说得面红耳赤，讨了一脸没趣，只好引他从大门进了城。

晏子走进楚宫，楚王腆着肚皮，高高地站在台阶上，傲慢地瞟了晏子一眼，问道，"你们齐国难道就没有人了吗？"

"臣不知大王这'无人'是什么意思。"

楚王说："寡人想知道你国中有多少人。"

晏子从容地回答："齐国都城临淄有七八千户人家，房屋一片连着一片，街上行人肩膀擦着肩膀，脚尖踩着脚跟，张开衣襟就象乌云遮天，挥把汗水有如暴雨滂沱，怎么能说齐国没有人呢？"

楚王拉长了脸吭了一声，又问："既然这样，你们齐国怎么单单派你出使呢？就派不出比你更强的人来吗？"

晏子笑嘻嘻地答道："怎么派不出呢？可是我们齐国委派大使是有规矩的，有才干的贤人被派去见有才干的国王，无能的家伙被派去见无能的国王。我晏子是齐国最无能的一个使臣，所以就被派来见您了。"

【画龙点睛】

想侮辱别人的人往往会自取其辱。

晏子赎越石父

春秋时期，齐相晏婴出使晋国，路过中牟，看见一个人头戴破帽子，反穿皮袄，身背饲草，正坐在路边休息。晏子一眼就看出他是一位有修养的君子，于是就派人问他："你是叫什么名字？从哪里来？"

那人回答说："我是齐国人，名叫越石父。"

晏子就把他叫到跟前问道："为什么来到这里？是不是家里遭到什么不幸？"

越石父说："我在中牟卖身为奴，看见了使者路过，打算跟您回国。"

晏子问："为什么要卖身为奴？"

越石父回答说："由于饥寒交迫，我便卖身为奴了。"

晏子问："当奴仆几年了？"

越石父回答："已经三年了。"

晏子问："可以赎身吗？"

越石父回答："可以。"

晏子便把拉车左套的马解下来，用这匹马把越石父赎买下来，并与他一起坐车回国。

回到相府，晏子没跟越石父告辞就进了自己的房门。越石父很生气，要与晏子绝交。

晏子派人传话说："我不曾与你结交，谈何绝交？你当了三年奴仆，我今天看见了才把你赎买回来，我对待你还算可以吧？你怎么可以恩将仇报，说什么绝交？"

越石父说:"士人不在知己朋友面前,可以受屈辱;在知己朋友面前,可以得到舒展。所以君子不因为对人家有恩而轻视人家,也不因为人家对自己有恩而向人家屈服。我给人家当了三年奴仆,却没有人理解我。现在您把我赎买回来,我认为您理解我了。先前您坐车,不同我打招呼。我以为您是一时疏忽了。现在您又不向我告辞就直接进入屋门,这同把我看做奴仆是一样的。既然我还是奴仆的地位,就请再把我卖到社会上去吧!"

晏子听了越石父的回话,走出来,请求和越石父见礼。晏子说:"以前我只看到了客人的外表,现在理解了客人的内心。我听人说过:考查他人行为的人不助长人家的过失,体察他人实情的人不讥笑人家的言辞。我可以向您道歉,您能不抛弃我吗?我诚心改正错误的行为。"晏子命令人把厅堂打扫干净,用酒席盛情款待越石父。

越石父说:"我听说过,最高的尊敬不讲究形式,用尊贵的礼节待人不会遭到拒绝。先生以礼待我,我实在不敢当。"

晏子于是就把越石父奉为上宾。

【画龙点睛】

只有以礼待人才能结交知心朋友,帮助人也不要以恩人自居。

船夫和哲学家

一位哲学家乘船出海,一路上的风景煞是迷人,可是这些都不能引起他的兴趣,老觉得很无聊,在船上踱来踱去,很是烦躁。于是,他便与船夫聊了起来。不一会,哲学家就有点不高兴了,因为他觉得船夫实在是很无知,好像小学都没毕业似的,什么都不懂,于是他问道:"你懂哲学吗?"

船夫说:"我不懂。"

哲学家用很惋惜的口吻说道:"那你至少失去了50%的生命。"

随即，哲学家又问道："那你懂数学吗？"

船夫说："也不懂。"

哲学家遗憾地说道："那你失去了80%的生命。"

船夫不再说话了。

他们谁也不理谁，就这样，船夫划着他的船，哲学家思考着他的问题，小船漂了没多远，忽然海面上刮起了大风，小船在海浪中激烈地颠簸着。突然，一个巨浪把船打翻了，哲学家和船夫同时掉到了水里。看着哲学家在水中胡乱挣扎，船夫想到他肯定不会游泳，于是便问道："你会游泳吗？"

哲学家恐慌地喊道："不会啊！"

船夫说："那你就失去了100%的生命。"

【画龙点睛】

珍惜身边每一个朋友，也许他一无所有，也许他懂得不多，但他也许懂得生存的技巧，也许在你需要帮忙的时候，他会帮上你的忙。

鹈鹕与仙鹤

一天，仙鹤请鹈鹕吃茶点。"您真是太好了！"鹈鹕对仙鹤说，"哪儿也不会有人请我吃饭。""我是非常愿意请您的。您的茶里要放糖吗？"仙鹤递上一缸糖给鹈鹕。

"谢谢，"鹈鹕边说边把半缸糖倒进了他的杯子，另一半都撒在地上了。

"我几乎没有朋友！"鹈鹕又说。

"您茶里要放牛奶吗？"仙鹤问道。

"谢谢，"鹈鹕说着又倒了一半牛奶在杯子里，其余的全泼在桌子上了，把桌子搞得一塌糊涂。

"我等啊等啊，没有一个人来请我。"鹈鹕又接着说。

"您要小甜饼吗？"仙鹤又问道。

"谢谢。"鹈鹕说着拿起小甜饼就往嘴里填，饼的碎屑撒了一地。

"我希望下次您再请我来。"鹈鹕又说。

"或许我会再请您的，不过这几天我太忙了。"

"那么下次见。"鹈鹕说着又吞了几个小甜饼，然后用餐巾擦了擦嘴走了。

鹈鹕走了以后，仙鹤又是摇头又是叹气。他无可奈何地叫女仆来打扫这狼藉的餐桌。

【画龙点睛】

当一个人失去一切朋友或者一个真正的朋友的时候，我们就该认真反省自己，在自身上找找原因了。

重耳受辱终灭曹

晋公子重耳在逃亡列国时，有一天来到了曹国，曹国国君原本不打算接待他。大夫僖负羁进谏，说重耳每只眼睛有双瞳仁，肋骨合生为一，有异人之相，应该好好招待。曹共公这才来了兴致，想亲眼目睹一下。

重耳来到曹国的都城，被驿馆的人请入馆中。接待人员只送上简单的水饭，重耳非常生气，就没有吃。驿馆的人又来叫重耳洗澡。重耳由于连日奔波，身上很脏，也确实想洗洗澡，就进了浴室。正洗着，浴室门突然大开，曹君率着宠幸的几个大臣，穿着便服走了进来，到重耳跟前，去看他的肋骨，还指手画脚，嘻嘻哈哈。重耳的随从问了驿馆的人，了解到是曹国国君，没有不为之愤怒的。

大夫叔瞻知道这件事后，赶忙进见曹共公，劝他杀掉重耳，以绝后患。曹共公没有听从他的建议。

僖负羁让曹君厚待重耳，意见也没有被采纳，他回到家中，闷闷不乐。他妻子问他是怎么回事，他就向妻子讲了实情。他妻子就劝他说："我早就听人家说，晋公子重耳将是万乘之主，身边的随从也都是些万乘之国的将相之才。现在他们处于穷困境地，外出逃亡，在这儿受到侮辱，一旦返回晋国主政，一定会伺机报复的。您若不提前与之结交，将来一定要跟着遭殃。"

僖负羁听了夫人的话后，马上派人连夜送了些金银珠宝和好酒好饭到重耳的旅馆中。这时候重耳他们还没吃晚饭，正感到饥饿难耐，接到僖负羁送来的饭菜，十分高兴，就吃掉了饭菜，但把黄金和白璧悉数退了回去。僖负羁见后，更加佩服重耳的贤德。

后来，重耳终于在秦穆公的帮助下，回到晋国做了国君，这就是后来赫赫有名的晋文公。他即位刚刚三年，就起兵伐曹报仇。曹被攻破，叔瞻被杀，曹共公被抓，曹国也灭亡了，只有僖负羁受到了晋军保护。

【画龙点睛】

不要小视或欺侮那些暂时落魄的人，一旦此人飞黄腾达之后，很可能会回戈一击，让你始料不及，到时候恐怕悔之晚矣。

孔融妙言对嘲笑

孔融在 10 岁时，和父亲一起来到洛阳。当时，洛阳有个叫李元礼的人，在社会上有很大的影响，官至司隶校尉。因为他多才多艺，道德高尚，前来拜访他的人有很多。但是，只有他家的亲戚和才华出众的社会名流，守门人才给通报。孔融几次央求父亲带他去见见李元礼，父亲生怕他不懂事，得罪人家，所以一直没有同意。

这一天，孔融瞒着父亲一个人来到李家的门口，冲着守门人行了个礼，

用充满童真的声音说："李大人是我的亲戚，我要进去见他。"

守门人见他长得乖模乖样，一举一动都十分得体，是个书香人家子弟，就进去通报李元礼。

孔融被请进客厅，李元礼并不认识他，就问道："你真是我的亲戚吗?"

孔融答道："说来话长，过去您的祖先老子和我的祖先孔子有师生关系，因此我和您自然是老世交了。"

见这个孩子这么从容不迫、能说会道，在座的宾客都感到非常惊诧。李元礼禁不住连声赞道："好口才，真是个神童啊!"

这时，手下人进来禀报：大中大夫陈韪到。

陈韪大摇大摆来到客厅，听见大家正在赞扬一个不知名的孩子，他感到非常好奇，忙向人们询问事情的缘由。人们把孔融的话告诉他，陈韪不以为然地说："小时候聪明伶俐，并不意味着将来就会有出息。"

大家都觉得他说的话没有道理，但碍于情面又不好回驳他。堂上的气氛一下子凝固了。

"我想，陈大人在小时候一定是很聪明伶俐的吧。"孔融不慌不忙地回敬陈韪。

陈韪想：这不是用我的话来回击我吗? 说我小时候聪明不就是说我现在是个没出息的笨蛋吗? 不由得脸色通红。

大家见这位大官尴尬地站在那儿发愣，心中不由得暗自发笑。

【画龙点睛】

嘲笑就像一把锋利的利刃，能够伤人至深。机敏的人在遇到这种伤害时，会运用巧妙的方式加以回击。

礼貌换来的机会

一批耶鲁大学的应届毕业生被导师带到华盛顿的国家实验室参观。坐在会议室里，学生们等待着实验室主任胡里奥到来。

这时，一位秘书给大家倒水，同学们表情木然地看着她，其中一个甚至问道："有黑咖啡吗？天太热了。"

秘书说："真抱歉，刚刚用完。"

轮到一个叫比尔的学生，他轻声地说："谢谢，大热天的，你辛苦了。"

秘书抬头看了他一眼，虽然这是客气话，却让她感到温暖。

门开了，胡里奥主任走进来，打着招呼，不知为什么，会议室里静悄悄的，没有一个人回应。比尔左右看看，犹豫了一下，鼓了几下掌，同学们这才稀稀落落地跟着拍起手来。

胡里奥主任挥了挥手，说："欢迎同学们到这里参观。平时都是由办公室负责接待，而我和你们的导师是老同学，这一次，由我亲自给大家讲一些有关的情况。同学们好像都没有带笔记本。秘书，请你拿一些实验用的纪念手册送给同学们。"

接下来，更尴尬的事情发生了，大家随手接过胡里奥主任双手递来的纪念手册。

胡里奥主任的脸色越来越难看，这时，比尔站起来，身体微倾，双手接过纪念手册，恭恭敬敬地说："谢谢您。"

胡里奥眼前一亮，拍拍比尔的肩膀："你叫什么名字？"

比尔照实作答。

两个月后，在毕业生的去向表上，比尔的去向栏里赫然写着某军事实验室。几个同学找到导师，说："比尔的学习成绩最多算是中等，凭什么选他，而没选我们？"

导师笑着说："比尔是人家国家实验室点名要的。其实，你们的机会完全一样，你们的成绩比比尔好，但是，除了学习，你们要学的东西还有很多，礼貌便是重要的一课。"

【画龙点睛】

确实，我们学会了许多东西，但是礼貌这门功课你学好了吗？一点点的细节，就可能完全改变一个人的命运。

救命的"早安"

德国有位犹太传教士西蒙·史佩拉，每日清晨都要在乡村的田野中漫步。无论是谁，只要遇上，他都会热情地打招呼。

其中有个叫米勒的农夫，住在小镇的边缘。史佩拉每天漫步时都能看到他在田里劳动，这位传教士总是对他说："早安，米勒先生！"

第一次向米勒道早安时，这个农夫只是转过身，像一块石头又冷又硬，无动于衷。在这个小乡镇里，犹太人和当地居民相处得并不太好，成为朋友的更是寥寥无几。不过，这并没有妨碍或打消史佩拉的勇气和决心。日复一日，他坚持以温暖的微笑和热情的声音向米勒打招呼。终于有一天，米勒向传教士举举帽子示意，脸上也露出了一丝笑容。

年复一年，每天早上史佩拉都会高声地叫道："早安，米勒先生。"米勒也会举举帽子，高声地回道："早安，西蒙先生！"这种友好的习惯一直延续到纳粹党上台为止。

史佩拉全家与村里所有犹太人的命运一样，都被纳粹党关进了集中营。史佩拉被关进的最后一个集中营，是奥斯维辛集中营。

从火车上被赶下来之后，史佩拉斯就在长长的行列中等待发落。在行列的尾端，史佩拉远远看见营区的指挥官拿着指挥棒一会儿向左指，一会儿向右指。他知道发配到左边的，就是死路一条；发配到右边的则还有生还的希望，指挥官有权将犹太人轻而易举地送入焚化炉。他的心怦怦地跳着，越接近指挥官，跳得越快。快要轮到他了，他和全家将面临怎样的命运？指挥官到底是个什么样的人？他听到指挥官叫自己的名字，突然之间血液冲上脸庞，恐惧消失得无影无踪了，两个人熟悉的目光相遇了。

史佩拉平静地对指挥官说："早安，米勒先生。"米勒听到招呼时，面部突然抽动了几秒种，然后也平静地回答："早安，西蒙先生。"接着举起指挥棒，向右一指说："右!"右——不是死亡，而是生还啊！

【画龙点睛】

"道早安"也许是有无礼貌的区区小事，但是不可否认，有些时候有无礼貌又确实是生杀予夺、人命关天的大事。

消除误会，避免伤害

 **被误会的狗**

很久以前，在美国阿拉斯加的某一个地方，有一对年轻人结了婚。婚后一年，他的太太因难产而死，但却为他留下了一个孩子。

他忙生活，忙工作，还要忙于看家。因没有人帮忙看孩子，他就只好训练一只狗来帮忙。那狗聪明听话，能照顾小孩，咬着奶瓶喂奶给孩子喝。于是那只狗就承担起了抚养孩子的任务。

有一天，他出门去了，叫那只狗照顾孩子。

他到了别的乡村，因遇大雪，当晚不能回来。第二天，当他赶回家的时候，狗立即闻声出来迎接主人。他把房门打开一看，立即惊呆了。房间里到处是血，他抬头一望，床上也是血，而且孩子不见了。他注意到身边的狗，也满口是血。发现这种情形，他立刻认定是狗兽性发作把孩子吃掉了，于是他大怒之下，拿起刀来向着狗头一劈，就把狗杀死了。

但过了一会儿，他忽然听到孩子的声音，而孩子很快就从床下爬了出来。他马上抱起孩子仔细检查，奇怪的是，孩子虽然身上有血，但并未受伤。

他很奇怪，不知究竟是怎么一回事，于是他又去看看死掉的那只狗。他发现那只狗的腿上少了很多肉，而不远处有一只狼，那狼口里正叼着狗的肉。他恍然大悟，原来是狗救了小主人，但不幸的是，狗已经被他误杀了，这真是天下最令人震惊的误会。

【画龙点睛】

误会往往是人在不了解、无理智、无耐心、缺少思考、未能多方体谅对方，感情极为冲动的情况之下所发生的。误会他人的人一开始，即一直只想到对方的千错万错。因此，会使误会越陷越深，弄到不可收拾的地步。在对别人有所决定与判断之前，请先想想这是不是一个"误会"。

臭脾气的代价

有一次，成吉思汗带着一帮人出去打猎。他们一大早便出发，可是到了中午仍没有收获，只好意兴阑珊地返回帐篷。成吉思汗心有不甘，便又带着皮袋、弓箭以及心爱的飞鹰，独自一人走回山上。

烈日当空，他沿着羊肠小道向山上走去，一直走了好长时间，口渴的感觉越来越强烈，但他找不到任何水源。

很久之后，他来到了一个山谷，见有细水从上面一滴一滴地流下来。成吉思汗非常高兴，就从皮袋里取出一只金属杯子，耐着性子用杯去接一滴一滴流下来的水。

当水接到七八分满时，他高兴地把杯子拿到嘴边，想把水喝下去。就在这时，一股疾风猛然把杯子从他手里打了下来。

将到口边的水被弄洒了，成吉思汗不禁又急又怒。他抬头看见自己的爱鹰在头顶上盘旋，才知道是它捣的鬼。尽管他非常生气，却又无可奈何，只好拿起杯子重新接水喝。

当水再次接到七八分满时，又有一股疾风把水杯弄翻了。又是他的爱鹰干的好事！成吉思汗顿生报复心："好！你这只老鹰既然不知好歹，专给

我找麻烦，那我就好好整治一下你这家伙！"

　　于是，成吉思汗一声不响地抬起水杯，再从头接着一滴滴的水。当水接到七八分满时，他悄悄取出尖刀，拿在手中，然后把杯子慢慢地移近嘴边。老鹰再次向他飞来，成吉思汗迅速拿出尖刀，把鹰杀死了。

　　不过，由于他的注意力过分集中在杀老鹰上面，却疏忽了手中的杯子，因此杯子掉进了山谷里。成吉思汗无法再接水喝了，不过他想到：既然有水从山上滴下来，那么上面也许有蓄水的地方，很可能是湖泊或山泉。于是他拼尽气力向上爬。他终于攀上了山顶，发现那里果然有一个蓄水的池塘。

　　成吉思汗兴奋极了，立即弯下身子想要喝个饱。忽然，他看见池边有一条大毒蛇的尸体，这时才恍然大悟："原来飞鹰救了我一命，正因为它刚才屡屡打翻我杯子里的水，才使我没有喝下被毒蛇污染了的水。"

　　成吉思汗在盛怒之下杀了心爱的飞鹰，明白了事情的真相后后悔莫及。如果他能忍住一时的怒气……但是没有如果，事情发生了就要随结果，正因为世上没有后悔药，所以在考虑好后果前，不要在怒火中做出决定。

【画龙点睛】

　　这与上面那只可怜的狗的故事如出一辙，可见，误会是多么的可怕。在人与人之沟通的时候也是这样，一个误会越陷越深就可能铸就一个十分可怕的后果。

钉子留下的疤痕

　　从前，有个小男孩脾气很坏。一天，他父亲给了他一大包钉子，要求他每发一次脾气都必须用铁锤在他家后院的栅栏上钉一颗钉子。第一天，小男孩共在栅栏上钉了37颗钉子。

过了几个星期，由于学会了控制自己的愤怒，小男孩每天在栅栏上钉钉子的数目逐渐减少了，他发现控制自己的坏脾气比往栅栏上钉钉子要容易多了。最后，小男孩变得不爱发脾气了。

他把自己的转变告诉了父亲。他父亲又建议说："如果你能坚持一整天不发脾气，就从栅栏上拔下一个钉子。"经过一段时间，小男孩终于把栅栏上所有的钉子都拔掉了。

父亲拉着他的手来到栅栏边，对小男孩说："儿子，你做得很好。但是，你看一看那些钉子在栅栏上留下的那么多小孔，栅栏再也不会是原来的样子了。当你向别人发过脾气之后，你的言语就像这些钉孔一样，会在人们的心灵中留下疤痕。你这样做就好比用刀子刺向了某人的身体，然后再拔出来。"

【画龙点睛】

人与人之间常常因为一些彼此无法释怀的坚持，而造成永远的伤害。如果我们都能从自己做起，开始宽容地看待他人，相信一定能收到许多意想不到的结果。帮别人开启一扇窗，也就是让自己看到更完整的天空……

主观是一种暴力

母鸭、小熊、兔子、松鼠、小猪一块儿住在森林里，有一天，母鸭下的蛋忽然不见了。她开始想：到底谁偷了我的蛋呢？小熊吗？看起来不像。兔子吗？她要蛋没有用啊！松鼠吗？她看起来很淑女。那一定是小猪了！嗯，那家伙脏兮兮的，贼头贼脑，一看就知道是小偷！对，一定就是他！

于是，母鸭去河边洗衣服的时候，便对正在河边抓鱼的小熊说："小熊，我告诉你呀！小猪偷了我的蛋！"小熊回答说："哦？你是怎么知道的呢？"母鸭说："你没看他总是贼头贼脑的吗？"小熊听了也就傻愣愣地相

信了。

到了傍晚，母鸭远远地看到了小猪正在散步，便把兔子拉了过来，说："兔子，你有没有觉得小猪今天走起路来鬼鬼祟祟，一副心里有鬼的样子？"兔子反问说："这又怎么了呢？"母鸭说："因为那家伙偷了我的蛋，所以今天才鬼鬼祟祟的！"

不一会儿功夫，松树也听到了风声，四只小动物便聚在一起讨论小猪的不是，说着诸如"小猪最近看起来就是做贼心虚……"、"猪通常都不是好东西……"、"人类用'猪'来骂人不是没有道理……"之类的话。没过几天的时间，小猪在森林已经遭到孤立了。没有人理他，没有人跟他玩，他整天窝在森林里的角落里，孤单地叹着气。

几天以后，母鸭整理房间的时候，在杂乱的床底下发现一个光秃秃的东西，伸手一摸，天哪！居然是那颗以前所不见的蛋，几天以来什么"小猪走起路来鬼鬼祟祟"、"小猪最近看起来比较心虚"的论调，根本是自己的偏见。真相大白后，森林里又恢复了往昔的和气。

【画龙点睛】

在人际交往中，我们常会在弄清事实真相前，就凭主观的认知去定一个人的罪，去宣判一个人的好坏。我们没有动手，甚至不动口，却已足以让当事人蒙受到极大且不公平的伤害和打击。

吃错的饼干

杰克斯讲了自己的一个经历：

上星期五我闹了一个笑话。我去伦敦买了点东西。我是去买圣诞节礼物的，也想为我大学的专业课找几本书。那天我是乘早班车去伦敦的，中午刚过不久我要买的都买好了。我不怎么喜欢待在伦敦，太嘈杂，交通也太挤，此外那晚上我已经做好了安排，于是我便搭乘出租汽车去滑铁卢车站。说实在的，我本来坐不起出租车，只是那天我想赶3：30的火车回去。不巧碰上交通堵塞，等我到火车站时，那趟车刚开走了。我只好待了一个小时等下趟车。

我买了一份《旗帜晚报》，漫步走进车站的校部。在一天的这个时候校部里几乎空无一人，我要了一杯咖啡和一包饼干——巧克力饼干。我很喜欢这种饼干。空座位有的是，我便找了一个靠窗的。我坐下来开始做报上登载的纵横填字游戏。我觉得做这种游戏很有趣。

过了几分钟来了一个人坐在我对面，这个人除了个子很高之外没有什么特别的地方。可以说他样子很像一个典型的城里做生意的人——穿一身暗色衣服，带一个公文包。我没说话，继续边喝咖啡边做我的填字游戏。忽然他伸过手来，打开我那包饼干，拿了一块在他咖啡里蘸了一下就送进嘴里。我简直难以相信自己的眼睛！我吃惊得说不出话来。

不过我也不想大惊小怪，于是决定不予理会。我总是尽量避免惹麻烦。我也就拿了一块饼干，喝了一口咖啡，再回去做我的填字游戏。这人拿第二块饼干时我既没抬头也没吱声。我假装对游戏特别感兴趣。过了几分钟我不在意地伸出手去，拿来最后一块饼干，瞥了这人一眼。他正对我怒目而视。

我有点紧张地把饼干放进嘴里，决定离开。正当我准备站起身来走的时候，那人突然把椅子往后一推，站起来匆匆走了。我感到如释重负，准备待两三分钟再走。我喝完咖啡，折好报纸站起身来。这时，我突然发现就在桌上我原来放报纸的地方摆着我的那包饼干。

我刚才喝的咖啡马上都变成了汗水流了出来……

【画龙点睛】

不论在什么情况下，当我们要责怪别人的时候，一定要先检讨自己，搞清真相，即使责任在对方，我们也可以采取更宽容些的态度。

小妾挨打

战国时期，齐国曾经发兵讨伐燕国，燕昭王即位后，想讨伐齐国，报仇雪耻。能言善辩的说客苏秦猜透了燕王的心思，乘机说服燕昭王出兵讨伐齐国。苏秦在战国时期是一名很了不起的政治家，并且是一个口才极好的说客。他曾经说服六个国家的君主，同心抗秦，并且还身挂六个国家的相印，也就是说他是六个国家的宰相。

他对燕昭王说："现在齐国对西方的卫国用兵，对南方的楚国用兵，已经疲惫不堪了。大王如果现在发兵，齐军就会被打败，河间地区就可以夺取过来，也可以一雪前耻。"

燕昭王说："我任命先生为上卿官职，送给你100辆马车，先生凭借这种身份地位到齐国去游说，为我们燕国施展反间计，怎么样？"

苏秦说："大王把我看成什么人了？我侍奉大王，难道是为了上卿官职和百辆马车吗？我是出于对大王的忠信啊！然而我恐怕因为对大王的忠信，反而被大王身边的人怪罪啊！"

燕昭王说："这不可能吧？哪有人臣对君主尽心竭力而被降罪的呢？"苏秦怕燕昭王对自己游说齐王有后顾之忧，就给燕昭王讲述了一则《小妾挨打》的寓言故事：

从前，有一个男人到外地去做官，3年没有回家，他的妻子与别人勾搭成奸。

有一天，她收到一封信，是他丈夫写的：我前段时间申请回本州为刺史，昨天上面的公文下来了，已经正式批准我回家乡为官。现在正在办理交接手续，过几天就可以回家了，到时候，咱们就永远在一起了，怎么样？是不是很高兴？

收到信后，妻子很害怕，奸夫也对这位官员的妻子说："你的丈夫就要回来了，我们该怎么办？"那个妻子说："你不要担忧，我已经准备好毒酒了，正等他回来喝呢。"

过了几天，她的丈夫果然回家了。狠毒的妻子命令小妾赶快把准备好的酒拿来，给丈夫接风洗尘。小妾知道这是一壶毒酒，端着酒壶走到半道就站住了。她想，我如果把这壶酒给丈夫喝了，就会药死丈夫；如果把这种事告诉丈夫，就要被主妇驱逐出家门。这样做也不行，那样做也不可，我到底应该怎么办呢？她想来想去，就假装跌倒在地，把毒酒全都洒在了地上。

妻子对丈夫说："因为你远道回来，我特意为你准备了一壶美酒。这个没用的小妾跌倒在半路上，把美酒给洒光了。"丈夫并不知道其中的详情，就把小妾捆起来打了一顿。可怜的小妾因为对丈夫忠心，却得到了如此的下场。

【画龙点睛】

千人千面，忠奸难辨。做人，应慎重辨察忠奸，查明是非曲直。

樵夫与母熊

一只小熊进了荆棘丛生的灌木林而走不出来，一位樵夫路过，把它救了。

母熊见到这件事，便说："上帝保佑您，好人。您帮了我大忙。让我们交个朋友吧，怎么样？"

"嗯，我也不知道……"

"为什么？"

"怎么说呢？是不太相信熊吧。虽然肯定地说，这并不适用于所有的熊。"

"对人也不能太相信，"熊回答，"可这也不适用于您。"

于是熊和樵夫便结成了朋友，两人过从甚密。

一个夜晚，樵夫在树林中迷了路。他找不到地方睡觉，就到了熊窝，熊安排他住了一宿，还以丰盛的晚餐款待了他。翌日清晨，樵夫起身要走。熊吻了吻樵夫，说，"原谅我吧，兄弟，没有能好好招待您。"

"不要担忧，熊大姐，"樵夫回答，"招待得很好，只是有一点，也是我唯一不喜欢你的地方，就是你身上那股臭味。"

熊听了怏怏不乐。她对樵夫说，"拿斧子砍我的头。"

樵夫举起斧子轻轻打了一下。

"砍重一点！砍重一点！"熊说。

樵夫使劲砍了一下，鲜血从熊的头上迸了出来。熊没有吭一声，樵夫就走了。

若干年后。有一次，樵夫不知不觉地到了离熊窝很近的地方，就去看望熊。熊衷心地欢迎他，又以丰盛的食品来招待。吃饭时樵夫问："伤口愈合了吗？熊大姐。"

"什么伤口？"熊问。

"我打你头留下的伤口。"

"噢，那次痛了一阵子，后来就不痛了，伤口愈合后，我就忘了。不过那次您说的话，就是您用的那个词，我一辈子也忘不了。"

【画龙点睛】

心灵的伤害甚于肉体的伤害，因为心灵的伤害是对人整个精神的地震，别忘了小心呵护别人的心灵，因为那同时也是在呵护你自己。

眼睛造成的伤害

毕业后，一个女孩被分派到现在的中心小学做老师，她满心欢喜，想到从此以后可以过梦想中的生活，每天守候在一群快乐的小天使身边，不看世事纷争，不问人间繁杂，简单而快乐。不曾想，这种简单而快乐的生活，却只持续了很短的时间。

一直以来她忽略了，原来孩子也会有许多的事端。他们会为自己做错的事撒一些小谎，会因为好胜心制造某些假象，会为了争夺某种东西争吵甚至打架……那些小小的心里，也藏着属于孩子的自私和偏激。一段时间下来，她渐渐地对当初选择的职业充满了怀疑，也开始不再信任那些可爱的面孔、那些纯真的眼神和天使般清脆的声音。因此，对这份工作由衷的热爱，也逐渐变成了一种职业性的敷衍。她所接受的教育告诉自己应该怎样去做一个小学教师，但她能感觉到，应该的背后，自己的热爱在一点点消退。

那天因为临时有事，预备铃响起她才匆匆赶往教室。刚到楼梯口，就听到熟悉的争吵声。她赶紧来到教室，小杰和小之两位同学正在吵架，一桶脏水还摆在讲桌旁，地上是一大摊的水。更可气的是，居然没有一个人出来管管，都幸灾乐祸等着看好戏似的。她不由气往上冲，但想到今天的任务得按时完成，暂时压住心底的火，狠狠瞪了他们两人一眼，命令个子大一点的小杰去倒水，然后开始上课。

过了五六分钟，小杰还是没有上来。她不禁有些担心，派一名同学去找他，而自己则继续上课。只一会儿的工夫，那个去找的同学就气喘吁吁地跑来说，小杰在楼梯口哭呢，水还没有倒掉，也不肯说话。怎么回事？她满腹狐疑，赶紧让他的好朋友小铭去叫他回来。过了一会，他们一前一后上来了，小铭提着空桶，后面跟着小杰，一回座位就趴在那儿。她连问

了几声，可他就是不理睬。几个来回，她也被弄得没一点上课的兴趣，最后，一堂课终于草草结束。

课后，别的同学都开始活动起来，可小杰还是趴在那里。小杰是个比较内向的孩子，平时不太喜欢和同学说话，属于比较"乖"的那种类型。但没想到，和小之才同桌了几天，就吵了几次架。她来到他身边，问他到底怎么了。连问了几遍，小杰终于抬起头，委屈地看着她，忽然冒出一句："你看不起我，你讨厌我。"说完，立刻又哭起来。她简直莫名其妙，怎么一回事啊？这时小杰开始抽抽搭搭地说："今天不是我拎水，可是你却骂我，叫我去倒水。""我没有骂你啊。"她真奇怪了。"你骂的，你用眼睛骂我了，你讨厌我。"说完，他忽然又哭了。她的心一下震颤了。

此时整个教室好似寂静下来。小杰最后的一句话，好像一下穿透了她已经不再热爱他们的心，让她看懂了真相。而她从来都不曾想过，一个学过几年小学教育的专业教师，内心那丝微妙的变化，却逃不过一个孩子的眼睛。像他说的，她用眼睛骂他了。当时因为气愤，虽然她压着火没有发脾气，可是她狠狠地瞪了他。这在一个孩子心里，原来是比语言更重的伤害。不知怎的，眼泪在这一刻忽然蒙住了她的眼睛，不是委屈，而是自责。

【画龙点睛】

伤害不仅仅是来自动手和动口。有时候或许只是一个眼神，一个表情，就可以让一个人的心灵受到严重的伤害。

 船和锚

船和锚是好朋友，他们一直在一起，从未分离过。

在一个晴朗的日子里，船和锚出海了。暖暖的阳光，蓝蓝的海面，不时还有鱼儿跃出水面。锚依偎在船的怀里，舒服地晒着太阳睡着了。正做

着美梦的时候却被船的尖叫声惊醒，然后就发现自己像蝴蝶一样地飞了起来。原来锚梦见许多美丽的蝴蝶在自己面前飞啊飞，它就伸去抓，可是蝴蝶并不是那么容易就能抓到的，等到它刚刚抓到一只时，梦也就停止了。

船之所以尖叫是因为锚抓伤了它的一只耳朵。锚的手上留着很长且尖尖的指甲，它做梦时抓到的其实是船的耳朵。船火冒三丈，顺手就把锚扔了出去，锚在空中翻滚了几下，"扑通"一声掉进海里。

锚不会游泳，它淹死了。海上掀起大浪，船没有锚帮它稳住身体，被无情的旋涡吞噬。

【画龙点睛】

朋友是我们最珍贵的财富。真正的好朋友不会计较对方的过错，会用一颗包容的心接纳对方无意中的伤害。因为他知道，朋友是不分彼此的，对待朋友要像对待自己一样。

两个苹果

有两个人十分要好，彼此不分你我。一日他们走进了沙漠，干渴威胁着他们的生命。上帝为了考验他俩的友谊，就对他们说：前面的树上有两个苹果，一大一小，吃了大的就能平安地走出沙漠。

两人听了，就都让对方吃那个大的，坚持自己吃小的。争执到最后，谁也没说服谁，两人都在极度的劳累中迷迷糊糊睡着了。不知过了多长时间，其中一个突然醒来，却发现他的朋友早向前走了。于是他急忙走到那棵树下，摘下苹果一看，苹果很小很小。他顿时感到朋友欺骗了他，便怀着悲愤与失望的心情向前走去。

突然，他发现朋友在前面昏倒了，便毫不犹豫地跑了过去，小心地将朋友轻轻抱起。这时他惊异地发现：朋友手中紧紧地攥着一个苹果，而那

个苹果比他手中的小了许多。

他们都经受住了上帝的考验。

【画龙点睛】

不要轻易地去怀疑自己的朋友，各种猜测和疑虑都会加大朋友间的裂痕。应该相信，只要是真正的朋友，彼此之间有着真正的友谊，这个世界就不会有绝望的时候。

割"肉"还"肉"

从前有个国王听信小人的谗言，误认一位贤臣叛国。把贤臣捉来，割开他的背脊，并取下二斤肉。

不久，有人证明贤臣并没有叛国。国王知道了，十分后悔，就送了一千斤猪肉给贤臣，作为补偿。

那位贤臣因背脊伤痛，上朝时痛苦地呻吟。国王听见了他的呻吟声，就问他说："我取你二斤的肉，已经还你一千斤的肉，难道你不满足吗？为何叫个不停呢？"

贤臣十分无奈地回答说："大王，假如砍下你的头，纵使还给你一千个头，仍然不免一死；如今我虽然得到了一千斤的猪肉，仍然免不了痛苦啊！"

【画龙点睛】

给他人造成的伤害，再多的弥补也是无济于事的。最好的弥补是在做任何事情前，谨慎小心，尽量不要对别人造成伤害。

苦笑的杰克

在一个小厂里有一个叫迈克的人，是个风趣的大块头，总爱开玩笑，搞些小恶作剧。迈克是头儿，有个叫皮特的总跟在迈克屁股后头。工厂里还有个叫杰克的人，年纪比他们要大一些，他平时沉默寡言，从不凑热闹，也不惹是生非，3 年来他一直穿着同一条打了补丁的裤子——他总是独自吃午饭，也不参加其他人午休时的游戏。他似乎对什么都不感兴趣，只是一个人静静地坐在树下。自然而然地，杰克成了迈克捉弄的对象。

有时候，杰克会在饭盒里发现一只活青蛙，或是在帽子里发现一只死老鼠，不过他往往好脾气地一笑了之。

有一年秋天，厂里没什么活儿，迈克请了几天的假去打猎，当然，皮特也去了。他们答应大家，只要捉到东西，人人都有份。所以，当其他人听说迈克真的捉到一只大牡鹿时都兴奋不已。另外，皮特向来是一个守不住秘密的人，他说他们要借此机会好好捉弄杰克一把。迈克把牡鹿切成块，为每个人包了一包肉。不过他特意留下了耳朵、尾巴和蹄子——当杰克打开这份特别的包裹时，那情景一定很好笑。

迈克在午休时分发了礼物，每个人都从他手里接过包裹，打开看看，然后道声谢。他把最大的包裹留到了最后，那是专为杰克准备的。迈克的表情十分得意，而且简直忍不住要笑出声来。像往常一样，杰克独自远远地坐在大方桌的一角，迈克把包裹推到他伸手可及的地方。这时，所有人都坐在那里拭目以待。

杰克向来少言寡语，3 年来他说话从没超过 100 个字。所以接下来发生的一切令人目瞪口呆。只见他把包裹紧紧抓在手里，慢慢站起身，对迈克露出灿烂的笑容——这时其他人才注意到他眼里已泪光闪闪，他的喉结上下嚅动着，过了好一会儿，他才控制住自己。

"我知道你不会忘了我，"他感激地说，"我知道你会这么做的！虽然你爱开玩笑，但是我一开始就知道你是一个好心人。"

他说着又哽咽起来，接着他环视其他人道："我知道我显得不太合群，可我从没有故意无礼。你看，我有9个孩子……还有一个患病的老婆，卧床已经4年了，而且永远也不会好了。有时候她病得厉害，我就不得不整夜照顾她。我的工资大部分都给她买药看病了，孩子们尽力帮我做事，但是有时候真的很难让他们填饱肚子。也许你们觉得我一个人偷偷吃饭挺可笑，其实，我想我是有点不好意思，因为我的三明治里不是总有东西可夹。就像今天，我的饭盒里只有一根生萝卜……我只是想让你们知道这包肉对于我来说真的很重要，可能比在这里的任何一个人都重要，因为今晚我的孩子们……"他用手背抹去眼泪，"我的孩子们能吃上一顿真正的……"

他极力控制着自己的情绪，而其他人始终全神贯注地看着杰克，谁也没有注意迈克和皮特。此时，其他人不约而同地伸出手想夺过那个包裹。但是太迟了，杰克已经打开了包，开始检视他的礼物。他查看了每一只蹄子，每一只耳朵，最后拎起那只尾巴，那只软弱无力地晃来晃去的尾巴，这情景本来很好笑，却没有人发笑——一个人也没有。

最让人难受的是杰克抬起头，勉强挤出一个微笑，说谢谢的时候，在场的人谁也没有说话，只是一个接一个地站起来，走上前去，默默地把自己的包裹放在杰克面前。他们忽然意识到，和杰克比起来，这包肉对自己而言是多么微不足道……

【画龙点睛】

生活中隐藏着一个个难言的苦衷，这也往往成为别人误会的由头和伤害的源头。了解他人的苦衷，避免粗心的伤害。

酒缸里的影子

有一对夫妇，他们的心胸很狭窄，总爱为一点小事争吵不休。有一天，妻子做了几样好菜，想到如果再来点酒助兴就更好了。于是她就拿瓢到酒缸里去取酒。

妻子探头朝缸里一看，瞧见了酒中倒映着的自己的影子。她也没细看，一见缸中有个女人，以为是丈夫对自己不忠，偷着把女人带回家来藏在缸里，嫉妒和愤怒一下子冲昏了她的头脑，她连想都没想就大声喊起来："喂，你这个混蛋死鬼，竟然敢瞒着我偷偷把别人的女人藏在缸里面！你快过来看看，看你还有什么话说？"

丈夫听了糊里糊涂的，不知道发生了什么事情，赶紧跑过来往缸里瞧，看见的是自己的影子。他一见是个男人，也不由分说地骂起来："你这个坏婆娘，明明是你领了别的男人回家，暗地里把他藏在酒缸里面，反而诬陷我，你到底安的是什么心眼！"

"好哇，你还有理了！"妻子又探头往缸里看，见还是先前的那个女人，以为是丈夫故意戏弄她，不由勃然大怒，指着丈夫说："你以为我是什么人，是任凭你哄骗的吗？你，你太对不起我了……"妻子越骂越气，举起手中的水瓢就向丈夫扔过去。

丈夫侧身一闪躲开了，见妻子不仅无理取闹还打自己，也不甘示弱，于是还了妻子一个耳光。这下可不得了，两人打成一团，又扯又咬，简直闹得不可开交。

最后闹到了官府，官老爷听完夫妻二人的话，心里顿时明白了大半，就吩咐手下把缸打破。一个侍卫抡起大锤，一锤下去，葡萄酒从被砸破的大洞汩汩流了出来。不一会儿，葡萄酒流光了，缸里也就没有人影了。

夫妻二人这才明白他们嫉妒的只不过是自己的影子而已，心中很是羞惭，于是就互相道歉，重又和好如初了。

【画龙点睛】

遇到怀疑的事，不要过早下结论，要客观、理智地去分析，才能够了解真相。

审时度势，讲究言语

一语救性命

传说古希腊有位残暴的国王，很喜欢处死被抓的囚徒。那时候，处死囚徒的办法有两种：一种是砍头，一种是用绳索绞死。

这天，又有一批囚徒将被处死。残暴的国王忽然有了一个奇怪的念头："我要和这批囚徒开个玩笑。对了，让他们自己去挑选一种死法，看他们说些什么。这一定是很有趣的事儿。"

国王想到这里，就派刽子手向囚徒们宣布道："陛下有令，让你们自己挑选一种死法，你们可以任意说一句话。这句话如果是真话，就绞死；如果说的是假话，就杀头。"

这样的法令真是太奇怪了。可是，这批囚徒的命操纵在国王手里，反正是一死，他们也就顾不得多想，就都很随意地说了一句话。结果，许多囚徒不是因为说了真话而被绞死，就是因为说了假话而被砍头，或者是因为说了一句不能马上检验出是真是假的话，而被看成说了假话砍了头，或是因为讲不出话来而被当成说真话绞死。

在一旁观看的残忍的国王看到他们一个个被处死，开心得手舞足蹈，时不时还发出令人气愤的笑声。

囚徒们一个个十分无奈，但是在这批囚徒中有一个很聪明的人，当轮到他来说那一句话的时候，他很巧妙地对国王大喊："你们要砍我的头！"

这句话可难坏了国王：如果真的砍他的头，那么他说的就应该算是真话，而说真话是应该被绞死的；但是如果要绞死他，那么他说的"要砍我的头"也就变成了假话，而假话又是应该被砍头的，但他说的又不是假话。他的话既不是真话，也不是假话，也就既不能绞死他，也不能砍他的头。

残酷的国王一时无可奈何，几经思索也想不出个所以，于是只得挥挥手说："那只好放他一条生路了。"之后的国王马上废除了刚刚的那条奇怪的法令。事情就这样收场了。

【画龙点睛】

有时候一句精彩的话能抵上你的千言万语，甚至你的千言万语也抵不过这一句话。这就是语言的艺术，是沟通中万试万灵的法宝。

语言的威力

在一次讲演中，一位著名演说家向一群青年学生提出忠告：要注意自己说话时的一言一词，因为语言具有无穷的力量。这时，一位听众举手表达他的不同意见："当我说幸福、幸福、幸福时，我并不觉得有什么快乐；当我说不幸、不幸、不幸时，我也不会因此而倒霉。所以，我认为语言只是我们使用的一种很普通的工具，并没有所谓的无穷的……"

"笨蛋一个！你根本就没有理解我话里的意思。"这位演说家没等他说完，就在台上对他大声呵斥。

这位听众顿时目瞪口呆，继而怒形于色，愤然起身反击："你才是……"

但是演说家手一挥，没让他继续说下去："对不起，我刚才并不是有意伤害你的，希望你接受我最真诚的道歉。"

这位听众的怒气才渐渐平息。出现这一段插曲，让在场的所有听众都纷纷议论开来。而演说家则微笑着继续他的讲演："看到了吧，刚才我只不过说了几个词，这位听众就要跟我拼命。后来，我又说了几个词，他的怒气就消了。所以，千万要记着，你说出的话有时就像一块石头，砸到人家身上，会使人受伤；有时，它又像春日里的和风，轻拂而过，让人倍感舒心。这就是语言的威力啊。"

【画龙点睛】

俗话说："良言一句三冬暖，恶语伤人六月寒。"也许一句话你就可以获得别人的信任，而也许一句话就让你失去了相交多年的好友。所以，我们一定要重视语言的作用，在说话之前设身处地地为别人想想，从对方的角度考虑如果听到这句话会是什么感受，这样你才不会因为一句话就抱憾不已。

嘴上功夫

理发师傅带了个徒弟。徒弟学艺三个月后，这天正式上岗，他给第一位顾客理完发，顾客照照镜子说："头发留得太长。"徒弟不语。

师傅在一旁笑着解释："头发长，使您显得含蓄，这叫藏而不露，很符合您的身份。"顾客听罢，高兴而去。

徒弟给第二位顾客理完发，顾客照照镜子说："头发剪得太短。"徒弟无语。

师傅笑着解释："头发短，使您显得精神、朴实、厚道，让人感到亲切。"顾客听了，欣喜而去。

徒弟给第三位顾客理完发，顾客一边交钱一边笑道："花的时间挺长的。"徒弟无言。师傅笑着解释："为'首脑'多花点时间很有必要，您没听说：进门苍头秀士，出门白面书生？"顾客听罢，大笑而去。

徒弟给第四位顾客理完发，顾客一边付款一边笑道："动作挺利索，20分钟就解决问题。"徒弟不知所措，沉默不语。

师傅笑着抢答："如今，时间就是金钱，'顶上功夫'速战速决，为您赢得了时间和金钱，您何乐而不为？"顾客听了，欢笑告辞。

晚上打烊。徒弟怯怯地问师傅："您为什么处处替我说话？反过来，我没一次做对过。"

师傅宽厚地笑道："不错，每一件事都包含着两面性，有对有错，有利有弊。我之所以在顾客面前鼓励你，作用有二：对顾客来说，是讨人家喜欢，因为谁都爱听吉祥话；对你而言，既是鼓励又是鞭策，因为万事开头难，我希望你以后把活做得更加漂亮。"

徒弟很受感动，从此，他越发刻苦学艺。日复一日，徒弟的技艺日益精湛。

【画龙点睛】

不仅要会干，也要会说。我们平时办一件极普通的小事，由于说话水平不同，所获得的效果和回报也大不相同。

过分的提醒

"来两只嫩煮鸡蛋，一份家常油炸土豆条，一块乌饭浆果松饼，再加咖啡和鲜橘汁。"艾德沃德吩咐卫生餐厅的侍者，慢跑后的他感到饥肠辘辘。

艾德沃德刚打开报纸，咖啡就端上来了。"请用咖啡，"侍者说。"不过，对不起。我们的立法当局坚持要我们提醒顾客，每天喝3杯以上的咖啡有可能增加得中风和膀胱癌的危险。虽然这是除去了咖啡因的，但食品和药物管理局仍要求我们说明，提取过程中或许还残留了微量的致癌可溶物。"这才给他的杯子斟上。

侍者端着他叫的早点回来时，艾德沃德差不多看完了第一版。"您的鸡蛋，"侍者说，"如果不煮透，就可能含有沙门氏菌，会引起食物中毒。蛋黄中有大量的胆固醇，它有诱发动脉硬化和心脏病的主要潜在危险。美国心血管外科医生协会主张每星期至多只吃4个鸡蛋，吸烟者和身体超重10磅者尤应如此。"

艾德沃德的胃感到一阵不舒服。"马铃薯，"侍者继续着，"皮上的青色斑块有可能含有一种叫龙葵碱的生物碱毒素，《内科医生参考手册》上说龙葵碱会引起呕吐、腹泻和恶心。不过放心，您用的土豆是仔细地去了皮的，我们的供应商还答应，如有不良后果，他们将承担一切责任。""但愿这'不良后果'别降临到我头上。"艾德沃德想。

"松饼含有丰富的面粉、鸡蛋和黄油，还有乌饭浆果和低钠调味粉，唯独缺少纤维素。营养研究所警告说低纤维饮食会增加胃癌和肠癌的危险。饮食指导中心说面粉可能受到杀真菌剂和灭鼠剂的污染，还可能含有微量的麦角素，它能引起幻觉、惊厥和动脉痉挛。"顿时，艾德沃德觉得焦黄松脆的松饼诱人的香味变得十分可疑了。

"黄油是高胆固醇食品，卫生部忠告患心脏病的人限制胆固醇和饱和脂肪的摄入量。我们的乌饭浆果来自缅因州，从未施过化肥和杀虫剂。但美国地质调查队有报告说许多缅因州的浆果长在花岗岩地区，而花岗岩常常含有放射性物质铀、镭和氡气。"艾德沃德立刻想起了切尔诺贝利事故幸存者头发脱落的不雅观之状。"最后，烘焙的麦粉中含有硫酸铝钠盐，研究者认为铝元素可能是早老性痴呆症的罪魁祸首。"侍者说罢便离去了，令人肃然起敬的营养咨询也许结束了。

侍者很快回来了，带着一只罐子。"我还记得说明，我们的鲜橘汁是早上六点前榨的，现在是8：30。食物和药品管理局与司法部正在指控一家餐馆，因为它把放了三四小时的橘汁说成新榨的。在那个案子裁决前，我们的律师要求我们从每一个订了类似食品的顾客那儿弄一份放弃追究声明书。"

艾德沃德填写了他递过来的表格，侍者用回形针把它附在账单上。在艾德沃德伸手取杯子时，侍者又拦住了他。"还有一件事，"侍者说，"消费

安全组织认定您使用的叉子太尖太锋利，必须小心使用。""好，祝您胃口好。"侍者终于走开了，艾德沃德也终于松了一口气。他拨拉着已是冷冰冰的那份早餐，胃口彻底倒了。

【画龙点睛】

热情待人是必要的，但在不适宜的场合不厌其详地介绍无关的细节是不适当的。在生活中如此，在为他人提供服务的时候也是如此。

戏谏宪宗

明宪宗时，有一个在宫中唱戏的小太监，名叫阿丑。他幽默、聪明、灵活，常常逗得看戏的皇亲国戚捧腹大笑。虽然他只是一个为皇族演戏解闷的小太监，但却秉性耿直、嫉恶如仇。

宪宗当时昏庸无道，信任欺上瞒下的太监汪直，并任命他为西厂的总管。汪直掌握了大权后，不分昼夜地刺探官民的动向，还常常牵强附会，胡乱定罪，被他投进大牢的人不计其数。一时间民怨沸腾，朝廷诸臣却敢怒不敢言。

皇上不但觉得汪直对自己忠心耿耿，极力重用，而且对巴结汪直的左都御史王越和辽东巡抚陈钺两人也宠爱有加。这两个官员依仗汪直的权势专横跋扈、尖酸刻薄，不但不择手段地排挤和他们意见分歧的朝臣，还陷害了不少正直刚烈的大臣。由于这三个人，上至朝廷官员，下至黎民百姓，个个人心惶惶，国家一片纷乱。

许多一心为国的正直大臣向明宪宗进谏，揭露汪直三人的专横，陈说他们权势过重的危害和仇怨众多的严重性。可是皇上对此却充耳不闻，觉得是其他大臣对自己的忠臣心生嫉妒、蓄意诽谤。因此只要有前来劝谏的大臣，他都断然拒见或者厉声呵斥。

　　阿丑早就对汪直等人心存不满，但见到诸大臣直谏不行，反而碰一鼻子灰。他于是决定寻机委婉地劝谏宪宗。他费劲心思编排了两出戏目，一直等着皇上前来观看。

　　一天，宪宗正为大臣们上奏弹劾汪直的事情心烦，为了散心就前来看阿丑演戏。阿丑兴致勃勃地表演第一出戏，转眼间他就从一个太监变成了一个酗酒者。这个醉鬼跌跌撞撞地四处走动，指天指地地谩骂。另外一个戏子上台了，他扮演的是一个过路人。只见过路人慌忙上前，搀扶着醉鬼，说："某官到了，你还在这儿游荡，是大不敬啊！"

　　醉鬼置若罔闻，依然我行我素。过路人又对他说："御驾到了！我们赶快让道吧！"醉鬼依然谩骂不止，不理不睬。过路人又说："宫中汪大人到了。"醉鬼立即慌了手脚，酒也醒了大半，紧张地环顾四周。过路人好奇地问："皇帝你尚且不怕，还怕汪太监？"醉鬼慌忙捂住过路人的嘴巴，低声说："不要多嘴！汪太监可不是好惹的，我怕他！"宪宗看到这里不禁紧锁眉头，若有所思，一会儿就离开了。

　　第二天，皇上又来看戏，并且点明要看阿丑的戏。阿丑按照自己的计划把排练好的第二出戏搬上了戏台。

　　这一次，阿丑竟然装扮成汪直，穿上西厂总管的官服，昂首挺胸，左右各拿一把锋利的斧头。只见"汪直"在路上行走，其态如螃蟹，四处横行。又有过路人问："你走个路还拿两把斧子，不知有何用处？""汪直"立即露出不屑一顾的表情说："你何以连钺都不认识，这哪儿是斧！分明是钺！"过路人又问："就算是钺，你持钺何故？""汪直"扬扬得意地笑道："我今日能大行其道全仗着这两钺呢，它们可不是一般的钺！"过路人好奇地问："不知它们有何特殊之处？您的两钺为何名？""汪直"哈哈大笑道："你真是孤陋寡闻，连王越、陈钺都不知道么？"

　　宪宗听后哈哈大笑，心中暗自讥笑自己：你也是孤陋寡闻啊！看罢戏，宪宗立即下达诏书，撤去汪直、王越和陈钺的官职，谪贬外地。

【画龙点睛】

　　与人沟通时，要讲究策略。所谓事不可以径成者，必以巧。阿丑只不

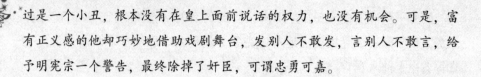

过是一个小丑，根本没有在皇上面前说话的权力，也没有机会。可是，富有正义感的他却巧妙地借助戏剧舞台，发别人不敢发，言别人不敢言，给予明宪宗一个警告，最终除掉了奸臣，可谓忠勇可嘉。

巧讥朱元璋

公元1368年，朱元璋登基，建立明朝。但与他从前交往的一些朋友，有的还过着苦日子。

一天，一位穷朋友从乡下来到京城皇宫门前求见明太祖。朱元璋听说是以前的老朋友，非常高兴，马上传他进殿。谁知这位穷朋友一见朱元璋端坐在宝座上，昔日的容颜似乎没有多大变化，便忘乎所以地直通通地说："我主万岁！您还记得我吗？从前你我都替人家放牛，有一天我们在芦花荡里把偷来的豆子放在瓦罐里清煮。还没等煮熟，大家就抢着吃，甚至把罐子都打破了，撒了一地的豆子，汤也都泼在泥地上。你只顾满地抓豆子吃，不小心连红草叶子也送进嘴里，叶子梗在喉咙里，苦得你哭笑不得，还是我出的主意，叫你用青菜叶子吞下去，才把红草叶子带下肚里去……"还没等说完，朱元璋早就听得不耐烦了，嫌这个孩提时的朋友太不顾体面，于是大怒道："推出去斩了！推出去斩了！"

后来，这件事让另外一个穷朋友知道了，心想这个老兄也太莽撞了，于是，他心生一计，信心十足地去见他小时候的朋友——当今的皇帝。

这个穷朋友来到京城求见朱元璋。行过大礼，这个人便说："我皇万岁万万岁！当年微臣随驾扫荡沪州府，打破罐州城，汤元帅在逃，拿住了豆将军，红孩儿挡关，多亏了菜将军。"朱元璋一听，不禁大笑，他认出了眼前的这个是孩提时的朋友，心中更为此人巧妙地暗示他们小时候在一起玩耍的事而高兴，于是让他做了御林军总管，留在了自己的身边。

【画龙点睛】

说话要看场合，还要看说话的对象。忽略了这些，就可能让自己处于尴尬境地。

新媳妇

卫国有户人家娶媳妇。婆家借来两匹马，加上自己家里的一匹，用三匹马驾着车，吹吹打打、热热闹闹、十分隆重地去迎接新娘子。

到了新娘家，迎亲的人将新娘子搀上马车。一行人告别新媳妇的娘家人之后，就赶着马车往回走。

不料，坐在车上的新娘指着走在两边拉车的马问赶车的仆人说："边上的两匹马是谁家的?"驾车人回答说："是向别人家借来的。"新娘又指着中间的马问："这中间的马呢?"驾车人回答说："是你婆家自己的。"新娘接着便说："你若嫌车走得慢，要打就打两边的马，不要打中间的马。"驾车人有些奇怪地看了看这位新媳妇。

迎亲的马车继续前进，终于到了新郎家。伴娘赶紧上前将新娘扶下了车。新媳妇却对还不熟悉的伴娘吩咐说："你平时在家做饭时，要记住一做完饭就要把灶膛里的火熄掉，不然的话会失火的。"那位伴娘虽然碍着面子点了点头，心里却有点不高兴这个新媳妇的多嘴。

新媳妇进得家门，看到一个石臼放在堂前，于是立即吩咐旁边的人说："快把这个石臼移到屋外的窗户下面去，放在这里妨碍别人走路。"婆家的人听了这个新娘子没有分寸又讲得不是时候的话，都不免在心里暗暗发笑，认为新娘子未免太爱讲话又太不会见机讲话了。

其实，这新媳妇所说的三件事，对婆家来说都是有好处的。可是她刚踏进婆家门就俨然以主妇自居、多嘴多舌的做法却引起了旁人的反感。

【画龙点睛】

一个人说话、办事，要有理有节，讲究策略和方式。如果不顾时机、不分场合，即使是好话、好事，也得不到应有的重视，往往还会被别人笑话。

说话要看对象

孔子带着他的几名学生出外讲学、游览，一路上十分辛苦。这一天，孔子一行人来到一个村庄，他们在一片树荫下休息，正准备吃点干粮、喝点水。不料，孔子的马挣脱了缰绳，跑到庄稼地里去吃了人家的麦苗。一个农夫上前抓住马嚼子，将马扣下了。

子贡是孔子最得意的学生之一，一贯能言善辩。他凭着不凡的口才，自告奋勇地上前去企图说服那个农夫，争取和解。可是，他说话文绉绉，满口之乎者也，天上地下，将大道理讲了一串又一串，尽管费尽口舌，可农夫就是听不进去。

有一位刚刚跟随孔子不久的新学生，论学识、才干远不如子贡。当他看到子贡与农夫僵持不下的情景时，便对孔子说："老师，请让我去试试看。"

于是他走到农夫面前，笑着对农夫说："你并不是在遥远的东海种田，我们也不是在遥远的西海耕地，我们彼此靠得很近，相隔不远，我的马怎么可能不吃你的庄稼呢？再说了，说不定哪天你的牛也会吃掉我的庄稼哩，你说是不是？我们该彼此谅解才是。"

农夫听了这番话，觉得很在理，责怪的意思也消释了，于是将马还给了孔子。旁边几个农夫也互相议论说："像这样说话才算有口才，哪像刚才那个人，说话不中听。"

【画龙点睛】

说话必须看对象、看场合，否则，你再能言善辩，别人不买你的账也是白搭。

 赞扬的艺术

有一名英语老师言语比较偏激，对于犯错的学生，他常常冷嘲热讽，令那些自尊心很强的学生难以接受，所以在他任教的这所学校里，他是一名不受学生欢迎的老师。

某天，他在讲课时，在语法问题上，不小心犯下一个明显的常识性错误，这个错误被一名昔日他嘲讽过并耿耿于怀的学生发觉。这名学生认为报复的机会来了，毫不客气地指出错误，此时所有的学生都沉默不语，想看看这位平时不受欢迎的老师会如何应付。

这位英文教师却显得很冷静，说道："噢，看你平时上课不用心，想不到今天上课却这么用心，连这么不起眼的毛病都被你发现了，其他的同学怎么没发现？为什么疏忽了这个错误呢？"

这位学生本来是以报复的心态向教师发起攻击的，不料竟得到这位老师的当众赞扬，心里顿时充满了自豪感，马上又觉得这位老师并不是那种人见人嫌的人物，他其实也有他的可爱之处。

【画龙点睛】

一句赞扬的话，能够让对方的心里得到满足，使他对你产生好感。多多赞扬别人吧，这样，你会发现你的交际圈子越来越大。

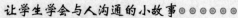

 ## 温柔的责备

美国第三十届总统柯立芝刚上任时，聘了一个女秘书协助他。这个女秘书年轻又漂亮，但是她的工作却屡屡出问题，不是字打错了，就是时间记错了，给柯立芝的工作带来很多的麻烦。

有一天，女秘书一进办公室，柯立芝就夸奖她的衣服很好看，盛赞她的美丽，女秘书受宠若惊，要知道总统平时是很少这样夸奖人的。柯立芝接着说："相信你的工作也可以像你的人一样，都办得很漂亮。"

果然，女秘书的公文从那天起就再没有出现过什么错误。有个知道来龙去脉的参议员就好奇地问总统："你这个方法很妙，是怎么想出来的？"

柯立芝笑一笑："这很简单，你看理发师帮客人刮胡子之前，都会先涂上肥皂水，这样做的目的就是让别人在受刮时不会觉得疼痛，我不过就是用了这个方法而已！"

【画龙点睛】

我们必须明白，责备的目的是令对方改正缺点。因此，带着爱心，试着用赞赏的方式去责备，你收到的将是双倍成效。

 ## 解梦家

皇帝梦见自己所有的牙齿都掉了，醒来后，他吓出了一身冷汗，觉得很奇怪。他立刻召来一个解梦家，问他这个梦是不是暗含着什么意义或者预示着将来。

"唉，陛下，很不幸地告诉您。"解梦家说道，"每一个掉落的牙齿，都代表着您的一个亲人的死亡！"

"什么？你这胡说八道的家伙！"皇帝愤怒地对着他大喊，"你竟敢对我说这种不吉利的话，给我滚出去！"他下令道："来人啊！给这个家伙 50 大板！"

不久，另一个解梦家被传召来了，他细心地听完皇帝讲述的梦境，他的脸上露出一抹微笑，说道："皇帝，我很荣幸能为您解梦，您真是洪福齐天！您将活得比所有的亲人都要长久！"

皇帝听后，立即眉开眼笑，他说："你的解梦之术实在是高明啊！"然后，又安排侍从盛情款待他，临走时还赏赐给他 50 个金币。

在一旁的侍从私下问这位解梦者："就我听来，你的解释和第一个解梦人不都是同一个意思吗？恕我直言，我并不觉得你的解梦之术有什么高明之处！"

那聪明的解梦家狡黠地答道："你说得不错，不是我的解梦术高明，而是我说话比别人稍稍高明了一些。话有很多种说法，问题就在于你如何去说！"然后，他高高兴兴捧着金币回去了。

【画龙点睛】

"话有三说，巧说为妙。"如何巧妙地表达出心中的意思，需要用心诠释话中的道理，需要在生活中细细体味。

劝 架

有一次，在某市一条车水马龙的大马路边上，围了一大群人。原来是一对年轻夫妻在吵架。男的 30 来岁，戴副眼镜，看模样像是一位高校教师；女的面容憔悴，哭得十分伤心，吵着要撞汽车寻死。那男的大声责骂妻子

"没知识，跑到大马路当众出丑"，粗话连串，越骂越凶；妻子则越哭越响，旁人在一旁劝也无济于事。

这时有位老人镇定自若地上前拍拍那男的肩膀说："你戴了副眼镜，像个教授。你有知识，就不要闷在肚子里，要拿出来用——"老人把"用"字字音拖长，讲得很响亮，那男的听了一楞，倒不骂了，定神听老人说话。

老人停顿了一下，接着又说："你应该用你的知识来说服你的妻子！如果你只会跺脚，只会骂，不也变得很平常，没知识了吗？还是找个地方，冷静下来，好好劝劝她吧！"

那男的听完这一番话，顿时像泄了气的皮球，刚才粗野的劲头消失了。老人又去劝那女的："有话好说嘛！找组织，找亲友，都好讲嘛！心里有什么委屈都讲出来，不要闷头哭！汽车不能撞，大卡车可是个大力士，你瘦瘦一个人怎么撞得过它呢？"众人不禁哄然大笑起来。那女的被大家笑得不好意思，倒也不哭了。

这番劝架的话确实立见功效，那对夫妻平息了争吵，慢慢地走到公共汽车站，上车走了。

【画龙点睛】

劝说别人，应该从对方最在意的方面入手，当他开始注意自己形象的时候，你就很容易成功了。

 优孟哭马

楚庄王十分爱马，特别是他最心爱的那几匹马，过着无比优裕的生活。它们住在豪华的厅堂里，身上披着美丽的锦缎，晚上睡在非常讲究的床上；它们吃的是富有营养的枣肉，伺候那些马的人数竟是马的3倍。

由于这些马养尊处优，又不出去运动，因此其中有一匹马因为长得太

肥而死去了。这一下可真让庄王伤心极了，他要为这匹马举行隆重的葬礼：一是命令全体大臣向死马致哀，二是用高级的棺椁以安葬大夫的标准来葬马。大臣们实在难以接受楚庄王这些过分的决定，纷纷劝阻庄王不要这么做。可是楚庄王完全听不进去，还生气地传下命令说："谁要是再敢来劝阻我葬马，一律斩首不饶。"

优孟是个很有聪明的人，听说这件事后，他径直闯进宫去，见到楚庄王便大哭起来。楚庄王吃惊地问他："你为什么哭得这么伤心呀？"

优孟回答说："大王心爱的马死了，实在让人伤心，要知道那可是大王所钟爱的马呀，怎么能只用大夫的葬礼来办理马的丧事呢？这实在太轻视了。应该用国君的葬礼才对啊。"

楚庄王问道："那你认为应怎样安排呢？"

优孟回答说："依我看，应该用美玉做马的棺材，再调动大批军队，发动全城百姓，为马建造高贵华丽的坟墓。到出丧那天，要让齐国、赵国的使节在前面开路；让韩国、魏国的使节护送灵柩。然后，还要追封死去的马为万户侯，为它建造祠庙，让马的灵魂长年接受封地百姓的供奉。这样，天下所有的人才会知道，原来大王是真正爱马胜过一切的。"

楚庄王顿时省悟，非常惭愧地说："我是这样地重马轻人吗？我的过错可真的是不小呀！你看我该怎么办才好呢？"

优孟心中高兴了，趁着楚庄王省悟过来的机会，俏皮地回答说："太好办了。我建议，以炉灶为厅，大铜锅为棺，放进花椒佐料、生姜桂皮，把火烧得旺旺的，把马肉煮得香喷喷的，然后全部填进大家的肚子里就是了。"

一席话说得楚庄王也哈哈大笑起来。从此他也改变了原来爱马的方式，把那些养在厅堂里的马全都交给将士们使用，那些马也得以经风雨、见世面，锻炼得强壮矫健。

【画龙点睛】

劝说他人讲究因势利导，用巧妙的语言层层深入地传达自己的意见和

建议，定能收到良好的效果。

小和尚买油

　　山中的庙里，有一个小和尚被要求去买食用油。在离开前，庙里的厨师交给他一个大碗，并严厉地警告："你一定要小心，我们最近收支不是很理想，你绝对不可以把油洒出来。"

　　小和尚答应后，下山来到厨师指定的店里买油。在上山回庙的路上，他想到厨师凶恶的表情，愈想愈觉得紧张。他小心翼翼地端着装满油的大碗，一步一步地走在山路上，不敢左顾右盼。不幸的是，他在快到庙门口里时，由于没有向前看路，结果踩到了一个洞。虽然没有摔跤，却洒掉三分之一的油。

　　小和尚非常懊恼，而且紧张到手都开始发抖，无法把碗端稳。回到庙里时，碗中的油就只剩一半了。厨师拿到装油的碗时，非常生气，指着小和尚大骂道："你这个笨蛋！我不是说要小心吗？为什么还是浪费这么多油？真是气死我了！"小和尚听了很难过。

　　另外一位老和尚听到了，就跑来问是怎么一回事。了解以后，他就去安抚厨师的情绪，并私下对小和尚说："我再派你去买一次油。这次我要你在回来的途中，多观察你周围的人与事物，并且需要跟我做一个报告。"

　　小和尚又勉强上路了。在回来的途中，小和尚发现其实山路上的风景真是美。远方看得到雄伟的山峰，又有农夫在梯田上耕种。走不久，又看到一群小孩子在路边的空地上玩得很开心，还有两位老先生在下棋。这样边走边看风景的情形下，不知不觉就回到庙里了。当小和尚把油交给厨师时，发现碗里的油装得满满的，一点都没有损失。

【画龙点睛】

说话是讲究技巧的，故事里前后两个人说的都是同一个意思，但却给小和尚两种不同的感觉，同样，也产生了两种不同的结果。

委婉言语

山顶住着一位智者，他胡子雪白，谁也说不清他有多大年纪。男女老少都非常尊敬他，不管谁遇到大事小情，都来找他，请求他提些忠告。但智者总是笑眯眯地说："我能提些什么忠告呢？"

这天，又有年轻人来求他提忠告。智者仍然婉言谢绝，但年轻人苦缠不放。智者无奈，他拿来两块窄窄的木条，两撮钉子，一撮螺钉，一撮直钉。另外，他还拿来一个榔头，一把钳子，一个改锥。

他先用锤子往木条上钉直钉，但是木条很硬，他费了很大劲，也钉不进去，倒是把钉子砸弯了，不得不再换一根。一会儿工夫，好几根钉子都被他砸弯了。

最后，他用钳子夹住钉子，用榔头使劲砸，钉子总算弯弯扭扭地进到木条里面去了。但他也前功尽弃了，因为那根木条也裂成了两半。

智者又拿起螺钉、改锥和锤子，他把钉子往木板上轻轻一砸，然后拿起改锥拧了起来，没费多大力气，螺钉钻进木条里了，天衣无缝。而他剩余的螺钉，还是原来的那一撮。

智者指着两块木板笑笑道："忠言不必逆耳，良药不必苦口，人们津津乐道的逆耳忠言、苦口良药，其实都是笨人的笨办法。那么硬碰硬有什么好处呢？说的人生气，听的人上火，最后伤了和气，好心变成了冷漠，友谊变成了仇恨。我活了这么大，只有一条经验，那就是绝对不直接向任何人提忠告。当需要被指出别人的错误的时候，我会像螺丝钉一样婉转曲折

地表达自己的意见和建议。"

【画龙点睛】

"忠言不必逆耳，良药不必苦口"，在人际交往中，要学会像螺丝钉一样婉转曲折地表达自己的意见和建议。这样，你的人际关系才可能和谐。

机智的理发师

相传古时某宰相请一个理发师理发。理发师给宰相修到一半时，也许是过分紧张，不小心把宰相的眉毛给刮掉了。唉呀！不得了了，他暗暗叫苦。顿时惊恐万分，深知宰相必然会怪罪下来，那可吃不了兜着走呀！

理发师是个常在江湖上行走的人，深知人之一般心理：盛赞之下无怒气消。他情急智生，猛然醒悟！连忙停下剃刀，故意两眼直愣愣地看着宰相的肚皮，仿佛要把宰相的五脏六腑看个透似的。

宰相见他这模样，感到莫名其妙。迷惑不解地问道："你不修面，却光看我的肚皮，这是为什么呢？"

理发师装出一副傻乎乎的样子解释说："人们常说，宰相肚里能撑船，我看大人的肚皮并不大，怎么能撑船呢？"宰相一听理发师这么说，哈哈大笑："那是宰相的气量最大，对一些小事情，都能容忍，从不计较的。"

理发师听到这话，"扑通"一声跪在地上，声泪俱下地说："小的该死，方才修面时不小心将相爷的眉毛刮掉了！相爷气量大，请千万恕罪。"

宰相一听啼笑皆非：眉毛给刮掉了，叫我今后怎么见人呢？不禁勃然大怒，正要发作，但又冷静一想：自己刚讲过宰相气量最大，怎能为这小事，给他治罪呢？

于是，宰相便豁达温和地说："无妨，且去把笔拿来，把眉毛画上就是了。"

【画龙点睛】

情急之下，注意开动脑筋，巧用言语，可能逢凶化吉。

言外之意

曹操很喜爱曹植的才华，因此想废了曹丕转立曹植为太子。当曹操就这件事征求贾诩的意见时，贾诩却一声不吭。曹操就很奇怪地问："你为什么不说话？"

贾诩说："我正在想一件事呢！"

曹操问："你在想什么事呢？"

贾诩答："我正在想袁绍、刘表废长立幼招致灾祸的事。"

曹操听后哈哈大笑，立刻明白了贾诩的言外之意，于是不再提废曹丕的事了。

在南朝时，齐高帝曾与当时的书法家王僧虔一起研习书法。有一次，高帝突然问王僧虔说："你和我谁的字更好？"

这问题比较难回答，说高帝的字比自己的好，是违心之言；说高帝的字不如自己，又会使高帝的面子搁不住，弄不好还会将君臣之间的关系弄得很糟糕。

王僧虔的回答很巧妙："我的字臣中最好，您的字君中最好。"

皇帝就那么几个，而臣子却不计其数，王僧虔的言外之意是很清楚的。高帝领悟了其中的言外之意，哈哈一笑，也就作罢，不再提这事了。

【画龙点睛】

在许多场合，有一些话不好直说、不能直说，也无法明说，于是，旁敲侧击，绕道迂回，就成为人们所采用的方法。

妙 答

　　一个年轻的男大学生分到某校，任高二某班的班主任。他上任的第一天曾发表了一个极漂亮的"就职演说"："我们是朋友，是同时代的人。既然是朋友，我就必须开诚布公地回答你们提出的问题。现在就请你们把你们认为最有必要回答的问题写在小纸条上，然后传给我，我将选择一个最难的回答。"

　　这的确有点大将风度，满怀期待感的少男少女们立刻递上来不少纸条，他也果然选了一个最难的回答，这个问题是："如果发现我们班有人在早恋，您会怎么办？"凭心而论，这一提问极其敏感，如果讲一番人所共知的大道理，大家肯定会失望；如果不回答，大家也肯定会失望。那么他该怎么回答呢？

　　他的回答是："我猜，大家一定爱足球。这样吧，听我先讲个与足球有关的小笑话：A队有个守门员，外号'豹子'，守起门来有如神助。B队的中锋特机灵，外号'点子'，总能想出古里古怪的点子分散'豹子'的注意力。这天踢球时，'点子'故意让两位前锋在胸前挂上一枚胸像，那胸像上的照片极像'豹子'的女友。果然，踢着踢着，'豹子'就开始魂不守舍，总想看清楚胸像上的人是不是他女友。就这么踢着踢着，对方的前锋明明要射门了，他却还盯着那胸像看，结果胸像没看清，反而被对方连灌了三个球。"

　　听到这，"轰"的一声大家全笑了。男教师也立刻笑了笑，接着说："非常感谢大家的笑，笑声就是鼓励，说明大家都认可了我的观点。这个观点就是，'学生学生，以学为生'，千万别三心二意。试想，如果我们中也出了'小豹子'，那么，我们神圣的球门还能守得住吗？"

　　"轰"的一声，又是一片欢乐的笑声，然后变成了极热烈的掌声——就因为这段妙答。

男教师的回答虽则"虚幻"却十分"巧妙"：足球场上的确不大可能出现这样的事，但"三心二意势必守不住门"却是硬道理。既然有理，上述妙答也就完全成立，少男少女们友好的笑就是对这一妙答的认可。

【画龙点睛】

在日常生活中，人们常常会碰到一些意想不到的诘难，此时如果不表态不回答，很可能意味着"不当"、"不妥"，但如果直接无可奈何地回答又"不美"、"不妙"。不妨"虚晃一枪"，来个看似虚幻实则巧妙的回答。

自相矛盾

楚国有个人在集市上既卖盾又卖矛，为了招徕顾客，使自己的商品尽快出手，他不惜夸大其辞、言过其实地高声炒卖。

他首先举起了手中的盾，向着过往的行人大肆吹嘘："列位看官，请瞧我手上的这块盾牌，这可是用上好的材料一次锻造而成的好盾呀，质地特别坚固，任凭您用什么锋利的矛也不可能戳穿它！"一番话说得人们纷纷围拢来，仔细观看。

接着，这个楚人又拿起了靠在墙根的矛，更加肆无忌惮地夸口："诸位豪杰，再请看我手上的这根长矛，它可是经过千锤百炼打制出来的好矛呀，矛头特别锋利，不论您用如何坚固的盾来抵挡，也会被我的矛戳穿！"此番大话一经出口，听的人个个目瞪口呆。

过了一会儿，只见人群中站出来一条汉子，指着那位楚人问道："你刚才说，你的盾坚固无比，无论什么矛都不能戳穿；而你的矛又是锋利无双，无论什么盾都不可抵挡。那么请问：如果我用你的矛来戳你的盾，结果又将如何？"楚人听了，无言以对，只好涨红着脸，赶紧收拾好他的矛和盾，灰溜溜地逃离了集市。

楚人说话绝对化，前后自相矛盾，不能自圆其说，难免陷入尴尬境地。要知道，戳不破的盾与戳无不破的矛是不可能并存于世的。

【画龙点睛】

无论做事说话，都要注意留有余地，不要做满说绝走极端。

秀才买柴

有一个秀才去买柴，他对卖柴的人说："荷薪者过来！"

卖柴的人听不懂"荷薪者"（担柴的人）三个字，但是听得懂"过来"两个字，于是把柴担到秀才前面。

秀才问他："其价如何？"

卖柴的人听不太懂这句话，但是听得懂"价"这个字，于是就告诉秀才价钱。

秀才接着说："外实而内虚，烟多而焰少，请损之。（你的木柴外表是干的，里头却是湿的，燃烧起来，会浓烟多而火焰小，请减些价钱吧。）"

卖柴的人因为听不懂秀才的话，于是担着柴就走了。

【画龙点睛】

用对方听得懂的语言进行沟通，是沟通成功的保障。

最好最坏都是舌头

古时候有一个国王，他决定把统治权转给一个叫奥鲁拉的人，但是奥鲁拉很年轻，他能不能挑起这个重担呢？国王有点担心，于是决定试试奥鲁拉的智慧。他通知奥鲁拉：用世界最好的东西，为他准备世界上最好的饭菜。

奥鲁拉听到这个消息后，马上到集市上去。他四处寻找着，最后买了几个牛舌头。奥鲁拉回家后，做了几道味道各异的牛舌头菜，有凉拌牛舌头、葱花牛舌、卤牛舌、爆牛舌等等。

奥鲁拉把这些菜送到国王那里。国王尝着各种风味各异的牛舌头，很满意。不过他有点想不通：为什么市场上那么多的山珍海味他不买，而偏偏只买牛舌头呢？于是国王就向奥鲁拉提出了疑问。"尊敬的国王，"奥鲁拉说，"在这世界上所有的东西中，舌头是最重要的也是最好的东西。它可以传送君王英明的决定，褒扬有贤德的人；可以通过温暖的话语，让绝望者再生希望，让迷途者走上正轨，让孤独者不再寂寞，让痴愚者学到智慧，让世界上人与人互相沟通，国与国互相往来。"

"嗯，有道理。"国王听了奥鲁拉的一番话，心想："奥鲁拉是个有智慧的人。"

不过，国王还想试他一次。

过了不久，国王对奥鲁拉说："上次你给我准备了世界上最好的菜肴。现在，我想让你给我做世界上最坏的菜。"

奥鲁拉又来到集市上转了一圈，最后又买了几条牛舌头回来。回到家后，把牛舌头做成几道风味不同的菜，送给国王。国王一看，端上来的又是牛舌头，不禁吃了一惊，问道："第一次，你把牛舌头端上来，当做世界上最好的菜送给我吃；这一次，你又把舌头当做最坏的菜送给我品尝。这该怎么解释呢？"

"尊敬的国王，"奥鲁拉说，"在这个世界上，舌头是最重要的东西，也是最坏的东西。它可以假传圣旨，侮辱人的品格，破坏人的好名声；它也可以用利剑一样的恶语，使君子受到中伤，小人得意洋洋，兄弟反目成仇，好友互相猜疑，甚至使民族被出卖，人民成为奴隶。"

国王听了之后，赞叹到："你说的都是真理！奥鲁拉，你虽然很年轻，但你很英明。"于是，国王把国家的大权交给了奥鲁拉。

【画龙点睛】

舌头是说话的工具，而说话是人类交流的工具。工具是能利人也能害人的，所以必须好好地把握。

卡耐基与继母

戴尔·卡耐基是 20 世纪最伟大的成功学大师，美国现代成人教育之父。他一生致力于人性问题的研究，运用心理学和社会学知识，对人类共同的心理特点，进行探索和分析，开创并发展出一套独特的融演讲、推销、为人处世、智能开发于一体的成人教育方式。

卡耐基小时候是一个公认的非常淘气的坏男孩。在他 9 岁的时候，他父亲把继母娶进家门。当时他们是居住在维吉尼州乡下的贫苦人家，而继母则来自较好的家庭。

他父亲一边向他继母介绍卡耐基，一边说："亲爱的，希望你注意这个全社区最坏的男孩，他可让我头疼死了，说不定会在明天早晨以前就拿石头扔向你，或者做出别的什么坏事，总之让你防不胜防。"

出乎卡耐基意料的是，继母微笑着走到他面前，托起他的头看着他，用纤细的手怜爱地轻轻抚摸卡耐基的头。她看着丈夫说："你错了，他不是全社区最坏的男孩，而是最聪明但还没有找到发泄热忱的地方的男孩。"

继母说得卡耐基心里热乎乎的，眼泪几乎滚落下来。就是凭着她这一句话，他和继母开始建立友谊。也就是这一句话，成为激励他的一种动力，使他日后创造了成功的"28 项黄金法则"，帮助了千千万万的普通人走上成功和致富的光明大道。因为在他继母来之前没有一个人称赞过他聪明。他的父亲和邻居认定他就是坏男孩，但是继母只说了一句话，便改变了他的命运。

卡耐基 14 岁时，继母给他买了一部二手打字机，并且对他说，相信他会成为一位作家。他接受了她的想法，并开始向当地的一家报纸投稿。他了解继母的热忱，也很欣赏她的那股热忱，他亲眼看到她是如何用她的热忱改善他们家庭的。

来自继母的这股力量，激发了他的想象力，激励了他的创造力，帮助他和无穷智慧发生了联系，使他成为 20 世纪最有影响力的人物之一。

【画龙点睛】

一句话可以毁掉一个人的信心，甚至毁灭他对生存的希望；但一句话也可以鼓励一个人从失落中走出来，或让人从新的角度认识自己，从此改变他的人生。

善解人意，学会倾听

要学会倾听

韦恩是罗宾见到的最受欢迎的人士之一。他总能受到邀请。经常有人请他参加聚会、共进午餐、担任基瓦尼斯国际或扶轮国际的客座发言人、打高尔夫球或网球。

一天晚上，罗宾碰巧到一个朋友家参加一次小型社交活动。他发现韦恩和一个漂亮女孩坐在一个角落里。出于好奇，罗宾远远地注意了一段时间。罗宾发现那位年轻女士一直在说，而韦恩好像一句话也没说。他只是有时笑一笑，点一点头，仅此而已。几小时后，他们起身，谢过男女主人，走了。

第二天，罗宾见到韦恩时禁不住问道："昨天晚上我在斯旺森家看见你和最迷人的女孩在一起。她好像完全被你吸引住了。你怎么抓住她的注意力的？"

"很简单。"韦恩说，"斯旺森太太把乔安介绍给我，我只对她说：'你的皮肤晒得真漂亮，在冬季也这么漂亮，是怎么做的？你去哪呢？阿卡普尔科还是夏威夷？''夏威夷。'她说，'夏威夷永远都风景如画。''你能把一切都告诉我吗？'我说。'当然。'她回答。我们就找了个安静的角落，接下去的两个小时她一直在谈夏威夷。"

"今天早晨乔安打电话给我，说她很喜欢我陪她。她说很想再见到我，因为我是最有意思的谈伴。但说实话，我整个晚上没说几句话。"

看出韦恩受欢迎的秘诀了吗？很简单，韦恩只是让乔安谈自己。他对每个人都这样——对他人说："请告诉我这一切。"这足以让一般人激动好几个小时。人们喜欢韦恩就因为他注意他们。

【画龙点睛】

假如你也想让大家都喜欢，千万不要谈自己，而要让对方谈他的兴趣、他的事业、他的高尔夫积分、他的成功、他的孩子、他的爱好和他的旅行，等等。让他人谈自己，你一心一意地倾听，那么无论走到哪里，你都会大受欢迎。

女主人的交代

从前有一个很高明的厨师，手艺十分了得。但他有一个不好的毛病，就是在听人家讲话的时候总是心不在焉。

一天，女主人准备宴请客人。因为女主人知道这个厨师有这样的毛病，所以提前把厨师叫到跟前，仔细地交代。

女主人准备宴请客人时的主菜是一条稀有的石斑鱼。为了让鱼的鲜美滋味完美地呈现在客人面前，女主人不厌其详地一遍又一遍叮嘱厨师，如何清蒸，火候大小及时间的长短。每一个细节，女主人都说到了。厨师就在一边频频点头。

最后，女主人特别交待石斑鱼摆放的方式："记住，要用银盘来盛这条鱼，四周加上你惯用的装饰。银盘四周要有精美的装饰，别忘了，嘴巴上含一片柠檬。"

厨师点了点头，女主人也就忙着打扮自己了。

晚宴时宾主尽欢，到最后一道主菜，清蒸石斑鱼被端上桌时，原本愉悦的气氛霎时静了下来。石斑鱼被放在银盘当中，看来色、香、味俱全。银盘四周的食物装饰也一如女主人的吩咐，上菜的厨师嘴巴上含着一片柠檬，他认为自己做得恰到好处，结果弄得哄堂大笑。

【画龙点睛】

倾听在很多时候要注意细节，要十分准确地去理解说话人的意思。

我还要回来

一天，美国知名主持人林克莱特访问一位小朋友。

他问："你长大后想要当什么呀？"

小朋友天真地回答："嗯……我要当飞机的驾驶员！"

林克莱特接着问："如果有一天，你的飞机飞到太平洋上空，所有引擎都熄火了，你会怎么办？"

小朋友想了想："我会先告诉坐在飞机上的人绑好安全带，然后我挂上我的降落伞跳出去。"

当在现场的观众笑得东倒西歪时，林克莱特继续注视着这孩子，想看他是不是自作聪明的家伙。没想到，接着孩子的两行热泪夺眶而出，这才使的林克莱特发觉这孩子的悲悯之情远非笔墨所能形容。于是林克莱特问他："为什么要这么做？"

小孩的答案透露出一个孩子真挚的想法："我要去拿燃料，我还要回来！我还要回来！"

【画龙点睛】

你听到别人说话时，你真的听懂他说的意思吗？如果不懂，在生活中我们是否也常犯了这样的毛病，不听人把话说完就断章取义地下了断言？是否因此误会了对方的美好原意，连同扼杀了对方的创造力和主动性？听话不要听一半。不要把自己的意思，投射到别人所说的话上头。听别人把话说完，这就是"听的艺术"。

用心听人说话

美国汽车推销之王乔·吉拉德曾有过次深刻的体验。

一次，某位名人来向他买车，他推荐了一种最好的车型给他。那人对车很满意，并掏出 10000 美元现钞，眼看就要成交了，对方却突然变卦而去。

乔为此事懊恼了一下午，百思不得其解。到了晚上 11 点他忍不住打电话给那人："您好！我是乔·吉拉德，今天下午我曾经向您介绍一部新车，眼看您就要买下，却突然走了。"

"喂，你知道现在是什么时候吗？"

"非常抱歉，我知道现在已经是晚上 11 点钟了，但是我检讨了一下午，实在想不出自己错在哪里了，因此特地打电话向您讨教。"

"真的吗？"

"肺腑之言。"

"很好！你用心在听我说话吗？"

"非常用心。"

"可是今天下午你根本没有用心听我说话。就在签字之前，我提到犬子吉米即将进入密执安大学念医科，我还提到犬子的学科成绩、运动能力以

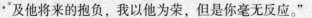

及他将来的抱负，我以他为荣，但是你毫无反应。"

乔不记得对方曾说过这些事，因为他当时根本没有注意。乔认为已经谈妥那笔生意了，他不但无心听对方说什么，而且在听办公室内另一位推销员讲笑话。这就是乔失败的原因：那人除了买车，更需要得到对于一个优秀儿子的称赞。乔·吉拉德恰恰没有"站在对方立场思考与行动"。他只是想当然地以为"已经成交了"。

【画龙点睛】

用心倾听是一种尊重，忽略了这些就可能使自己处于尴尬境地。

听到听不见的声音

公元 3 世纪，国王曹把他的儿子王子泰送到长老盘古那儿学习。因为王子泰将要继承王位，所以盘古准备教他如何成为一个好的统治者。王子来到寺庙后，长老把他单独送到明丽森林。让他一年后回到寺庙描述森林的声音。

当王子泰返回后，盘古让他描述他能听到的声音。

"长老，"王子回答，"我能听见布谷鸟歌唱，树叶沙沙作响，蜂鸟嗡鸣，蟋蟀唧唧鸣唱，风吹草动的声音，蜜蜂嗡嗡地叫，以及风的低吟与吼叫。"

王子讲完后，长老让他回到森林去听他能听到的其他一些声音。王子对长老的要求感到困惑不解。难道自己还有什么声音没有分辨出来吗？

从早到晚，王子独自坐在森林中聆听。但除了以前听到的声音外，他听不到其他任何声音。直到一天早晨，当他静坐在树下，他开始听到一种不同于以前听到的很细微的声音。听得越仔细，声音就越清晰。他突然恍然大悟。"这一定是长老要我分辨的声音"，他想到。

当王子泰回到寺庙，长老问他又听到些什么声音。

"长老，"王子恭敬地回答，"当我仔细聆听的时候，我能听到听不见的声音——花儿盛开的声音，太阳照耀大地的声音，以及小草畅饮晨露的声音。"

长老赞许地点头。"听到听不见的声音，"盘古说，"是成为合格的统治者必须得到的训练。只有当统治者学会倾听人民的心声，倾听他们未表露的情感与痛苦，以及未讲出的抱怨等，他才能激发臣民的信心，及时发现差错，满足臣民真正的需要。如果统治者只听信表面肤浅的话语，而不去深入民众，去倾听他们真正的观点，了解他们的情感与需要，那他的王国气数已尽。"

【画龙点睛】

倾听不只听到肤浅的话语，而是要深入去了解对方的情感和需要。

沉默是金

曾经有个小国的使者到中国来，进贡了 3 个一模一样的金人，金碧辉煌，当时的皇帝十分高兴。可是这小国并不只是来进献宝贝，而是来这里存心刁难，使者进献宝贝之时随即出了一道题目：这 3 个金人哪个最有价值？

皇帝想了许多的办法，请来珠宝匠检查，称重量，看做工，都是一模一样的。怎么办？使者还等着回去汇报呢。泱泱大国，不会连这个小事都不懂吧？

最后，有一位退位的老大臣说他有办法。

皇帝将使者请到大殿，老臣胸有成竹地拿着 3 根稻草，插入第一个金人的耳朵里，稻草从另一边耳朵出来了；第二个金人的稻草从嘴巴里直接掉出来；而第三个金人，稻草进去后掉进了肚子，什么响动也没有。

于是老臣说："第三个金人最有价值！"使者默默无语，答案正确。

【画龙点睛】

老天给我们两只耳朵一个嘴巴，本来就是让我们多听少说的。善于倾听，才是成熟的人最基本的素质。

会说话的小伙

周日下午，一个小伙子下楼到小区里散步。小区中间有一排石凳，他就坐了下来，旁边有一位老大娘，鬓角的头发已经花白。尽管和大娘不算太熟，但在平时的上下班中也见过几次面。

大娘看了小伙子一眼说："你也在这个小区里住吧？"他点点头。

大娘又说："我说看着这么眼熟呢，在哪上班啊？"

小伙子回答："在一家杂志社。"

"好啊，还是个文化人儿。"

就这样小伙子和那位大娘聊起来，更确切地说，是那位大娘一个人在自言自语。因为大娘滔滔不绝，小伙子根本插不上话。她从自己的童年谈到工作，从工作谈到婚姻，又从老伴儿女谈到柴米油盐。小伙子只是微笑地看着她，适当地点点头，或者附和一声"是吗？""对啊！"从话语中小伙子知道大娘的儿女都不在身边，平时很少有人和她聊天，所以他能理解她想找人交流的欲望。况且他也没有什么事，从大娘以往的经历中也许还能学点东西。

天擦黑的时候，大娘才打住话匣子说："哎呀，小伙子，我得回家给老头儿做饭了，你看聊着聊着就把时间忘了。"

小伙子也说："是啊，我也得回去了。"

大娘临走前说："今天聊得真开心，你这个小伙子真会说话。有对象没？没有我给你介绍个好姑娘。"

小伙子不好意思地对大娘说："以后有时间再聊。"看着大娘渐渐远去的背影，小伙子愉快地笑了。

其实，从头至尾小伙子都没有说过一句完整的话，他只是微笑地看着大娘，认真地听她说，适时地点点头，结果却令大娘这样愉快，还赢得了她的好感。

【画龙点睛】

每个人都有倾诉的欲望，每个人都希望自己的话能被人专注地倾听。倾听不仅是对他人的理解与尊重，更能拉近心与心之间的距离，带给人缕缕温暖。

倾诉的悲剧

一个在飞机上遭遇惊险却大难不死的美国人回家反而自杀了，原因何在？

那是一个圣诞节，一个美国男人为了和家人团聚，兴冲冲从异地乘飞机往家赶。一路上幻想着团聚的喜悦情景。恰在这时老天变脸，这架飞机在空中遭遇猛烈的暴风雨，脱离航线，上下左右颠簸，随时随地有坠毁的可能。空姐脸色煞白，惊恐万状地吩咐乘客写好遗嘱放进一个特制的口袋。这时，飞机上所有人都在祈祷，也就在这万分危急的时刻，飞机在驾驶员的冷静驾驶下终于平安着陆，于是大家都松了口气。

这个美国男人回到家后异常兴奋，不停地向妻子描述飞机上遇到的险情，并且满屋子转着、叫着、喊着……然而，他的妻子正和孩子兴致勃勃分享着节日的愉悦，对他经历的惊险没有丝毫兴趣。男人叫喊了一阵，却

发现没有人听他倾诉。他死里逃生的巨大喜悦与被冷落的心情形成强烈的反差。在他妻子去准备蛋糕的时候，这个美国男人却爬到阁楼上，用上吊这种古老的方式结束了从险情中捡回的宝贵生命。

【画龙点睛】

当你在倾诉时，却发现无人在倾听，这种痛苦，无疑是很大的打击。一个善于倾听的人在他人眼中是一个很健谈的人。懂得倾听，不仅是关爱、理解，更是调节双方关系的润滑剂，每个人在烦恼和喜悦后都有一份渴望，那就是对人倾诉，他希望倾听者能给予理解与赞同。

燕子与小鸟

俗话说，行千里路，读万卷书。一只燕子在飞行途中学到了不少的知识，已能预见到常见的雷雨了，因此在暴风雨袭来之前，它能向航行在海上的水手发出警报。

播种的季节里，它看到农民在耕种，便对小鸟说："我看到了潜在的危险，我很同情你们。因为面对这一危险，我可以及早远远地躲开，到一个安宁的地方生活。可你们不行，你们看到在空中挥动的手，它撒下的东西，用不了多久就会毁掉你们，各种捕捉你们的工具都会出现，到处都是陷阱，你们不是身陷鸟笼就是等待下油锅，反正是死路一条啊！"燕子顿了一下接着说："所以请你们相信我，赶快把那些该死的种子全吃掉。"

小鸟觉得燕子说的疯话十分可笑，因为大田里可吃的东西太多了，区区种子值得劳神吃吗？

转眼间，大田里长出了绿油油的苗，燕子着急地对小鸟说："趁还没有结出可恶的果实，赶紧把这些苗统统拔掉，不然的话，遭殃的是你们大家。"

"你这个预言灾祸的丧门星，别整天瞎唠叨！"鸟儿不耐烦听它的预报，"要知道，这样的好差事没有上千只鸟是做不了的！"

庄稼就要成熟了。燕子痛心疾首地来相告："可怕的日子就要来到，至今你们还不相信我，一旦人们收割完庄稼，秋闲下来的农民将拿你们开刀，等着你们的是捕鸟的夹子和罗网。你们最好待在家里别乱跑，要么学候鸟飞到温暖的南方，可你们又不能越过沙漠和海洋去寻找其他的地方。你们最好找些隐蔽的墙洞躲起来。"

小鸟把燕子的忠告全当了耳边风，于是当年先知卡桑德拉不幸言中的悲剧发生了。小鸟就像七嘴八舌不听劝阻的特洛伊人一样落得了同样悲惨的结局。

【画龙点睛】

人们只听得进和自己看法一致的意见，只有当大难临头时才体会到忠言逆耳利于行。

未发出的讣告

那年秋天，苏·杜德大学毕业，兴高采烈地步入社会：去《博林顿日报》做实习记者。因为是新手，他只能报道儿童拼写比赛、婚嫁和讣闻。平淡如水的日子里，他对那些冲锋陷阵，冒险抢下重大新闻的无冕之王羡慕不已，尤其是每月获得"最佳记者奖"的同事，他们的经历充满了刺激、惊险和耀眼的光辉，与他的工作大相径庭。

一天下午，讣闻专线的电话铃声大作。

"博林顿日报。"他拿起话筒机械地说。

"呃，你好，我……要发一个讣告。"对方似乎口齿不太伶俐。

翻开笔记本，他按部就班地问着写讣告栏目需要的信息："逝者姓名？"

做了 2 个月的讣闻，他已经驾轻就熟。

"乔·布莱斯。"

苏·杜德有种异样的感觉，因为现在这个人和其他发讣告的人不同，态度既不悲伤也不冷漠，而是一种说不出的迷茫和绝望。

"死因？"苏·杜德又问。

"一氧化碳中毒。"

"逝世时间？"

隔很久，对方才回答："嗯，具体时间我还不知道……反正快了。"发音愈加含混不清。

霎那间，苏·杜德猜到了答案，但仍故作镇定地问："您的姓名？"

"乔……乔·布莱斯。"

苏·杜德虽然有思想准备，但心还是狂跳不止，他一边向同事做手势，一边竭力保持冷静。"乔，告诉我，一氧化碳是从哪儿来的？"

"我拧开煤气……没点火……我很困，还有别的问题吗？"他的声音显得疲惫不堪。苏·杜德知道毒气已经开始起作用了，时间紧迫。幸好编辑注意到苏·杜德的手势，向他这边走来。苏·杜德示意他不要说话，在笔记本上颤抖地写："那人要自杀！"编辑马上会意，抄下来电显示的号码，用口型告诉苏·杜德："我去报警，尽量拖延时间。"

苏·杜德的神经略微松弛，大脑随即飞快转动。一台生死大戏正在上演，而他可能掌握着剧情发展的重要的一环。他若失手，故事便成为悲剧。

"非常感谢您的合作，但我还需要一些信息，您愿意帮助我吗？"苏·杜德用最甜美、最缓和的声调说，尽量让乔在线上多待会儿，保持清醒。苏·杜德知道，一旦睡着，那个人就可能再也不会醒来。乔告诉苏·杜德，他失业了，妻子因此离开了他。"活着……还有……有什么意思？"乔断断续续地说。

编辑向苏·杜德点头，意思是警车已经出发。同事们安静而焦急地看着他。话筒那端的声音越来越难分辨。苏·杜德闭上眼睛，想象自己坐在乔对面，集中精神听他说话。1 秒钟仿佛 1 小时那么漫长。他不时地说：

"乔，我在听，请继续讲。""……等……""扑通"，乔好像摔倒了，话筒中一片死寂。苏·杜德攥紧拳头大喊："上帝，不要！乔，坚持住！"突然他听到警笛声、救护车声、敲门声，随后是玻璃破碎的声音——救援人员终于赶到了。一个陌生的声音从电话里传来"我是警察。你是谁？"苏·杜德把身份告诉他，然后鼓起勇气问："乔怎么样？"

"屋子里到处是煤气，十分危险，我们马上要撤出。谢谢你及时报警，病人还有救。"苏·杜德挂上电话，对着编辑只挤出三个字："还有救。"顿时掌声、欢呼声从编辑部各个角落传来，他们相互拥抱、握手。

月末总结会上，总编宣布本月"最佳记者奖"的获得者是苏·杜德。"我？太不可思议了。"看到他惊讶的神情，一个王牌记者说："你当之无愧。如果那天是我接电话，我肯定不会注意到乔要自杀。"

"我也没做什么呀，只不过听他说话……"

那位资深记者微笑着拍了拍苏·杜德的肩："但是你不知道，倾听是多么罕有的美德！"

【画龙点睛】

学会倾听，要体察对方的感觉。一个人感觉到的往往比他的思想更能引导他的行为，愈不注意人感觉的真实面，就愈不会了解对方。

小猫的体会

有一天，猫妈妈把小猫叫来，说："你已经长大了，三天之后就不能再喝妈妈的奶，要自己去找东西吃。"小猫惊恐地问妈妈："妈妈，那我该吃什么东西呢？"

猫妈妈说："你要吃什么食物，妈妈一时也说不出来，就用我们祖先留下的方法吧，这几天你躲在屋顶上、梁柱间、箱笼里、陶罐边，仔细倾听

人们的谈论，他们自然会教你的。"

第一天晚上，小猫躲在梁柱间偷听，一个大人对孩子说："小宝，把鱼和牛奶放在冰箱里，小猫最爱吃鱼和牛奶了。"

第二天晚上，小猫躲在陶罐边，听见一个女人对男人说："老公，帮我的忙，把香肠、腊肉挂在梁上，小鸡关好，别让小猫偷吃了。"

第三天晚上，小猫躲在屋顶上，从窗户里看到一个妇人叨念自己的孩子："奶酪、肉松、鱼吃剩了，也不收好，小猫的鼻子特别灵，明天你就没得吃了。"

就这样，小猫每天都非常开心，他回家告诉猫妈妈："妈妈，果然像你说的一样，只要我保持倾听，人们每天都会教我该吃些什么。"

靠着听别人的谈话，学习生活的技能，小猫终于成为身子敏捷、肌肉强健的大猫，它后来有了孩子，也是这样教导孩子的。

【画龙点睛】

仔细地倾听人们的谈话，他们自然教会你很多东西，那会是你与未知世界沟通的一个很好的方式。

善于沟通，注重技巧

老人和陌生人

一位老人坐在一个小城镇边的公路旁。一位陌生人开车来到他的身边，把车停下来，向他问道："老人家，请问这是什么镇？住在这里的居民属于哪种类型？我正想决定是否搬到这里居住。"

老人抬头望了一下这位陌生人，反问道："你刚离开的那个小镇上住的人，是属哪一类的人呢？"

陌生人回答说："住的都是些不三不四的人。我们住在那儿感到很不愉快，因此打算搬到这儿来居住。"

这位老人说道："先生，恐怕你会感到失望了，因为我们镇上的人跟他们完全一样。"

过了不久。又有另一位陌生人向老人打听同样的情况，老人又反问他同样的问题。这位陌生人回答说："啊，住在那儿的人都十分友好，我的家人在那儿度过了一段美好的时光，但我正在寻找一个比我以前居住地方更有发展机会的城镇，因此我们搬出来了，尽管我们还很留恋以前那个地方。"

老人说道："年轻人，你很幸运。在这里居住的人都是跟你差不多的

人，相信你会喜欢他们，他们也会喜欢你的。"

【画龙点睛】

你怎样看待别人，别人就怎样看待你；你怎样对待别人，别人就怎样对待你。

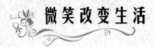

微笑改变生活

一天，布恩去拜访一位客户，但是很可惜，他们没有达成协议。布恩很苦恼，回来后把事情的经过告诉了经理。经理耐心地听完了布恩的讲述，沉默了一会儿说："你不妨再去一次，但要调整好自己的心态，要时刻记住运用微笑，用你的微笑打动对方，这样他就能看出你的诚意。"

布恩试着去做了，他把自己表现得很快乐、很真诚，微笑一直洋溢在他的脸上。结果对方也被布恩感染了，他们愉快地签订了协议。

布恩结婚已经18年了，每天早上起来都要去上班。忙碌的生活让他顾不上自己心爱的太太，他也很少对妻子微笑。布恩决定试一试，看看微笑会给他们的婚姻带来什么不同。

第二天早上，布恩梳头照镜子时，就对着镜子微笑起来，他脸上的愁容一扫而空。当他坐下来开始吃早餐的时候，他微笑着跟太太打招呼。她惊愕不已，非常兴奋。在这两周的时间里，布恩感受到的幸福比过去两年还要多。

现在，布恩上班时，就对大楼门口的电梯管理员微笑；他微笑着跟大楼门口的警卫打招呼；站在交易所时，他对工作人员微笑。布恩很快就发现别人同时也对他微笑。一段时间之后，他发现微笑带给他更多的收入。

布恩现在经常真诚地赞美他人，停止谈论自己的需要和烦恼。他试着从别人的观点看事情。这一切真的改变了他的生活，他收获了更多的快乐和友谊。

【画龙点睛】

调整好自己的心态，要时刻记住运用微笑，用你的微笑打动对方，这样他就能看出你的诚意。微笑可以带来温馨、友谊，可以带来幸福。

柔和的力量

这是一堂医学课，先生问道："大家想想，用酒精消毒的时候，什么浓度最好？"

学生齐声回答说："当然是浓度越高越好啦！"

先生说："错了，太高浓度的酒精，会使细菌的外壁在极短时间内凝固，形成一道屏障，后续的酒精就再也杀不进去了，细菌在壁垒后面仍然还活着。最有效的浓度，是把酒精的浓度调得柔和些，润物细无声地渗透进去，效果才佳。"

这让同学们明白了，柔和有时比粗暴更有力量。柔和是一种品质与风格。它不是丧失原则，而是一种更高境界的坚守，一种不曾剑拔弩张仍旧扼守尊严的艺术。

【画龙点睛】

我们的声音柔和了，就更容易渗透到辽远的空间；我们的目光柔和了，就更轻易地卷起心扉的窗纱；我们的面庞柔和了，就更能流畅地传达温暖的诚意；我们的身体柔和了，就更能准确地表明与人平等的信念。

空姐的微笑

飞机起飞前，一位乘客请求空姐给他倒一杯水吃药。空姐很有礼貌地说："先生，为了您的安全，请稍等片刻，等飞机进入平稳飞行后，我会立刻把水给您送过来。好吗？"

15 分钟后，飞机早已进入了平稳飞行状态。突然，乘客服务铃急促地响了起来，空姐猛然意识到：糟了，由于太忙，忘记给那位乘客倒水了！空姐连忙来到客舱，小心翼翼地把水送到那位乘客跟前，面带微笑地说："先生，实在是对不起，由于我的疏忽，延误了您吃药的时间，我感到非常抱歉。"这位乘客抬起左手，指着手表说道："怎么回事？有你这样服务的吗？你看看，都过了多久了？"空姐手里端着水，心里感到很委屈。但是，无论她怎么解释，这位挑剔的乘客都不肯原谅她的疏忽。

接下来的飞行途中，为了补偿自己的过失，空姐每次去客舱给乘客服务时，都会特意走到那位乘客面前，面带微笑地询问他是否需要水，或者别的什么帮助。然而，那位乘客余怒未消，摆出一副不合作的样子，并不理会空姐。

临到目的地前，那位乘客要求空姐把留言本给他送过去。很显然，他要投诉这名空姐。此时，空姐心里虽然很委屈，但是仍然不失职业道德，显得非常有礼貌，而且面带微笑地说道："先生，请允许我再次向您表示真诚的歉意，无论你提出什么意见，我都将欣然接受您的批评！"那位乘客脸色一紧，嘴巴准备说什么，可是却没有开口。他接过留言本，在上面写了起来。

飞机安全降落。所有的乘客陆续离开后，空姐打开留言本，惊奇地发现，那位乘客在本子上写下的并不是投诉信，而是一封热情洋溢的表扬信。

是什么使得这位挑剔的乘客最终放弃了投诉呢？在信中，空姐读到这样一句话："在整个过程中，你表现出的真诚的歉意，特别是你的十二次微笑，深深打动了我，使我最终决定将投诉信写成表扬信！你的服务质量很高。下次如果有机会，我还将乘坐你们的这趟航班！"

【画龙点睛】

真诚的微笑能够弥补我们犯下的错误，冰释我们生活中的误会和怨恨。只要你对他人绽开你真诚的笑容，他人也会给予你同样的热诚和关爱。别吝啬你的笑容了，在你的唇边开一束美丽的花朵，世界便又因此而美丽了。

痛哭也是好方式

英国一个著名的芭蕾舞童星埃利，只有 12 岁，不幸由于骨癌准备截肢。手术前，埃利的亲朋好友，包括她的观众闻讯赶来探望。这个说："别难过，没准儿出现奇迹，还有机会慢慢站起来呢。"那个说："你是个坚强的孩子，一定要挺住，我们都在为你祈祷！"埃利一言不发，默默地向所有人微笑致谢。她很想见到戴安娜王妃，她优美的舞姿曾得到戴妃的赞美，夸她像"一只洁白的小天鹅"。

经过别人转达她的愿望，戴安娜王妃终于在百忙中赶来了。她把埃利搂进怀里说："好孩子，我知道你一定很伤心，痛痛快快地哭吧，哭够了再说。"埃利一下子泪如泉涌。自从得了病，什么安慰的话都有人说了，就是没有人说过这样的话，埃利觉得最能体贴理解她的就是这样的话。

据说，戴安娜虽出身富家，却没受过什么高等教育，她经常说自己笨得像牛，智商不高。但这个故事让我们相信她的情商一定很高，这种独有的天赋让她的形象在人们心中永远那么慈善温柔，颇具亲和力，无人能够替代。

世界上有许多聪明的人，会说许多聪明的话，但是，聪明的话说出来

不一定贴切，不一定说得让人欣慰，不一定说得让人心存感激。其实这样的话都是些非常简单的话，可惜简单的话并不是人人懂得该怎么说。

【画龙点睛】

事实上，当别人遭遇坎坷磨难时，我们根本帮不上什么忙，有时就靠某句简单的话去安慰一下。如果你找不到合适的话，就给对方一个痛哭的机会吧，这也是一种另类的沟通方式。

减少奖金也感人

某公司成立以来，事业可谓蒸蒸日上。但因受国际上恐怖活动的影响，今年的利润大幅滑落。

董事长知道，这不能怪员工，因为大家为公司拼命的程度，丝毫不比往年差，甚至可以说，由于人人意识到经济的不景气，干得比以前更卖力。这也就愈发加重了董事长心头的负担，因为马上要过年，照往例，年终奖金最少加发三个月的工资，多的时候，甚至再加倍。今年可惨了，算来算去，顶多只能给一个月的工资做奖金。

"这要是让多年来已被惯坏了的员工知道，士气真不知要怎样滑落！"董事长忧心地对总经理说："许多员工都以为最少加两个月奖金，恐怕飞机票、新家具都订好了，只等拿奖金就出去度假或付账单呢！"

总经理也愁眉苦脸了："好像给孩子糖吃，每次都抓一大把，现在突然改成两颗，小孩一定会吵。"

"对了！"董事长突然触动灵机："你倒使我想起小时候到店里买糖，总喜欢找同一个店员，因为别的店员都先抓一大把，拿去称，再一颗一颗往回扣。那个比较可爱的店员，则每次都抓不足重量，然后一颗一颗往上加。说实在话最后拿到的糖没什么差异。但我就是喜欢后者。"

突然，董事长有了主意……

没过两天，公司突然传来小道消息——"由于业绩不佳，年底要裁员，上层正在确定具体实施方案。"顿时人心惶惶了。每个人都在猜，会不会是自己。最基层的员工想："一定由下面杀起。"上面的主管则想："我的薪水最高，只怕从我开刀！"

但是，不久之后，总经理就宣布："公司虽然艰苦，但大家同一条船，再怎么危险，也不愿牺牲共患难的同事，只是年终奖金，绝不可能发了。"听说不裁员，人人都放下心头上的一块大石头，那不致卷铺盖的窃喜，早压过了没有年终奖金的失落。

眼看新年将至，人人都作了过个穷年的打算，取消了奢华的交往和昂贵的旅游计划。突然，董事长召集各单位主管紧急会议。看主管们匆匆上楼，员工们面面相觑，心里都有点儿七上八下："难道又变了卦？"

是变了卦！没几分钟，主管们纷纷冲进自己的单位，兴奋地高喊着："有了！有了！还是有年终奖金，整整一个月，马上发下来，让大家过个好年！"整个公司大楼，爆发出一片欢呼，连坐在顶楼的董事长，都感觉到了地板的震动……

【画龙点睛】

当用常规的方法很难奏效的时候，"欲擒故纵"和"欲纵故擒"都是为人处世的高超手段。笼络人心靠的不是金钱，而是智慧。

以退为进

美国画商看中了印度人带来的 3 幅画，标价为 250 美元，画商不愿出此价钱，于是唇枪舌剑，谁也不肯放松，谈判进入了僵局。那位印度人恼火了，怒气冲冲地当着美国人的面把其中一幅画烧了。

美国人看到这么好的画被烧了，当然感到十分可惜。他问印度人剩下的两幅画愿卖多少钱，回答还是 250 美元。美国画商见毫不松口，又拒绝了这个价格，这位印度人把心一横，又烧掉了其中一幅画。美国画商只好乞求他千万别再烧这最后一幅。

当他再次询问这位印度人愿卖多少钱时，卖者说道："最后一幅画能与三幅画是一样的价钱吗？"结果，这位印度人手中的最后一幅画竟以 600 美元的价格拍板成交。当时，其他的画的价格都在 100 美元到 150 美元之间，而印度人这幅画却能卖得如此之高，原因何在？

首先，他烧掉两幅画以吸引那位美国人，便是采用了"以退为进"的战略，因为他"有恃无恐"，他知道自己出售的三幅画都是出自名家之手。烧掉了两幅，剩下了最后一幅画，正是"物以稀为贵"。

这位印度人还了解到这个美国人有个习惯，喜欢收藏古董名画，只要他爱上这幅画，是不肯轻易放弃的，宁肯出高价也要收买珍藏。聪明的印度人施展这招果然很灵，一笔成功的生意唾手而得。

在商谈中，卖方很想出售自己的商品，而买方则会提出种种借口，以图达到最高利益，此时，以退为进的战略便会大奏奇效。当然，要想成功地采用"以退为进"的策略，必须有一定的后盾，把握好分寸。"不打无准备之仗"，心中没有十分的把握而轻易使用此计，难免弄巧成拙。如果那位印度人不了解美国人喜爱古董的习惯，不能肯定他一定会买下那最后一幅画而去烧掉前两幅，如果最后美国人没有买那幅画，印度人可就是"赔了夫人又折兵"，追悔莫及。

【画龙点睛】

在与他人交往的时候，为了达到某种目的，不妨让自己的头脑灵活些，欲擒故纵、以退为进都常常会取得出人意料的良好效果。

优惠中附加一些限制

有位先生走进西部航空公司的售票厅，对售票小姐说："我要两张旧金山的机票。"

"你是美国印第安人吗？"

"不是。你问这干吗？"

"那太遗憾了，先生，因为如果您是印第安人并在清晨 4 点启程，又在次日清晨返回的话，我们可以给您30％的减价优待，但现在只剩下 8％了。"

"哎，我的上帝，请问你们还有其他优惠条件吗？"

"嗯，如果您已经结婚 50 年以上没有离婚，并且是去参加您的结婚纪念活动的话，我们给您减价 20％。"

"这对我不合适，还有吗？"

"哎呀，您太太还不到 60 岁吧？如果还不到 60 岁，且你们又不赶在周末旅行，那么可以享受 20％的优惠价。"

"可我们非得在周末才有空呀！"

"嗯，别灰心，请问您和您夫人中有当学生的吗？如果你们有在上大学的，且又在星期五乘飞机，我们给您45％减价优惠。"

"我的天，差不多便宜一半啊！可惜我早两年念完大学了。这样吧！小姐，您还是不要给我优惠了吧，谢谢您的介绍。"

你看，面对如此名目繁多而富有幽默色彩的优惠条件，这位乘客最后虽没有得到多少优惠，却也心满意足地买下了机票。

【画龙点睛】

在与他人交往的时候，应尽量本着互利双赢的原则，尽可能多地给对方提供好处和方便，当然，为了不损害自己的利益，必要时可附加一些比较"苛刻"的条件。

面对拒绝多动脑

　　一位刚毕业的女大学生到一家公司应聘财务会计工作，面试时即遭到拒绝，因为她太年轻，公司需要的是有丰富工作经验的资深会计人员。女大学生却没有气馁，一再坚持。她对主考官说："请再给我一次机会，让我参加完笔试。"主考官拗不过她，答应了她的请求。结果，她通过了笔试，由人事经理亲自复试。

　　人事经理对这位女大学生颇有好感，因她的笔试成绩最好。不过，女孩的话让经理有些失望，她说自己没工作过，唯一的经验是在学校掌管过学生会财务。他们不愿找一个没有工作经验的人做财务会计。人事经理只好敷衍道："今天就到这里，如有消息我会打电话通知你。"女孩从座位上站起来，向人事经理点点头，从口袋里掏出一美元双手递给人事经理："不管是否录取，请都给我打个电话。"

　　人事经理从未见过这种情况，竟一下子呆住了。不过他很快回过神来，问："你怎么知道我不给没有录用的人打电话？"

　　"您刚才说有消息就打，那言下之意就是没录取就不打了。"

　　人事经理对这个年轻女孩产生了浓厚的兴趣，问："如果你没被录用，我打电话，你想知道些什么呢？"

　　"请告诉我，在什么地方不能达到你们的要求，我在哪方面不够好，我好改进。"

　　"那一美元……"

　　没等人事经理说完，女孩微笑着解释道："给没有被录用的人打电话不属于公司的正常开支，所以由我付电话费，请你一定打。"

　　人事经理马上微笑着说："请你把一美元收回。我不会打电话了，我现在就正式通知你，你被录用了。"

就这样，女孩用一美元敲开了机遇大门。细想起来，其实道理很清楚：一开始便被拒绝，女孩仍要求参加笔试，说明她有坚毅的品格，财务是十分繁杂的工作，没有足够的耐心和毅力是不可能做好的。她能坦言自己没有工作经验，显示了一种诚信，这对搞财务工作尤为重要。即使不被录取，也希望能得到别人的评价，说明她有直面不足的勇气和敢于承担责任的上进心。员工不可能把每项工作都做得十分完美，我们可以接受失误，却不能接受员工自满不前。女孩自掏电话费，说明了思维的灵活性，她巧妙地展示了自己公私分明的良好品德，这更是财务工作不可或缺的。

【画龙点睛】

一美元折射出良好的素质和高尚的人品。而人品和素质有时比资历和经验更为重要。在求职的时候，与其为自己的资历所遗憾，不如多动脑筋使自己显得与众不同，引起招聘者的兴趣。

卖梳子给和尚

有一家效益相当好的大公司，决定进一步扩大经营规模，高薪招聘营销主管。广告一打出来，报名者云集。面对众多应聘者，招聘工作的负责人说："相马不如赛马。为了能选拔出高素质的营销人员，我们出一道实践性的试题：就是想办法把木梳卖给和尚。"

绝大多数应聘者感到困惑不解，甚至愤怒：出家人剃度为僧，要木梳有何用？这岂不是神经错乱，故意刁难人吗？过一会儿，应聘者接连拂袖而去，几乎散尽。最后只剩下三个应聘者：杰克、约翰和比尔。

负责人对剩下的三个应聘者交代："以 10 日为限，届时请各位将销售成果向我汇报。"

10 日期到。负责人问杰克："卖出多少？"答："一把。""怎么卖的？"杰克讲述了历尽的辛苦，以及受到和尚的责骂和追打的委屈。好在下山途中遇到一个小和尚，一边晒着太阳一边使劲挠着又脏又厚的头皮。小尹灵机一动，赶忙递上了木梳，小和尚用后满心欢喜，于是买下一把。

负责人又问约翰："卖出多少？"答："10 把。""怎么卖的？"约翰说他去了一座名山古寺。由于山高风大，进香者的头发都被吹乱了。约翰找到了寺院的住持说："蓬头垢面是对佛的不敬。应在每座庙的香案前放把木梳，供善男善女梳理鬓发。"住持采纳了约翰的建议。那山共有 10 座庙，于是买下 10 把木梳。

负责人又问比尔："卖出多少？"答："1000 把。"负责人惊问："怎么卖的？"比尔说，他到一个颇具盛名、香火极旺的深山宝刹，朝圣者如云，施主络绎不绝。比尔对住持说："凡来进香朝拜者，多有一颗虔诚的心，宝刹应有所回赠，以做纪念，保佑其平安吉祥，鼓励其多做善事。我有一批木梳，你的书法超群，可先刻上'积善梳'三个字，然后便可做赠品。"住持大喜，立即买下 1000 把木梳，并请比尔小住几天，共同出席了首次赠送'积善梳'的仪式。得到'积善梳'的施主和香客，很是高兴，一传十，十传百，朝圣者更多，香火也更旺。这还不算，住持希望比尔再多卖一些不同档次的木梳，以便分层次地赠给各种类型的施主与香客。

【画龙点睛】

比尔让寺庙买了大量的木梳，这除了是比尔有聪明的头脑外，还有就是比尔善于沟通，能够从对方的角度出发，使双方共赢。

飞蛾出茧

生物学家说，飞蛾在作蛹之时，翅膀萎缩不发达；出茧时，必须经过一番挣扎，身体中的体液方能流到翅膀去，两只翅膀才能有力在空中飞翔。

有一个人恰巧看见树上一只虫茧开始活动了。整个早晨，他耐心等在旁边观察。蛾在里面奋力挣扎，还是不能挣脱，似乎再也没有可能出来了。最后他的耐心用尽，就用一把小剪刀，把茧上的丝剪了一个小洞，让它出来可以容易一些。

果然，没有一会儿，蛾儿很容易地爬出来，可是身体非常臃肿，翅膀也异常萎缩。他的帮助反成祸根。那只蛾儿，非但不能飞翔空中，呈现它的美丽，反而很痛苦地爬了一会儿就死了。

【画龙点睛】

爱是要给予的，乐于奉献自己的爱的人是幸福的，但是爱的给予要适当，否则，也会害人。

不辩自明

汉代公孙弘小时候家里很贫穷，过着清苦的日子。所谓"穷则思变"，他发奋学习，苦读诗书，十年寒窗苦，终于飞黄腾达，做了丞相。虽然他居于庙堂之上，手握重权，但是在生活上依然保持小时候俭朴的优良作风。吃饭只有一个荤菜，睡觉也是普通人家用的棉被。他的仆人们也感叹："我家大臣才是真正的清廉啊！"

这些话很快就传进了朝廷，文武百官为之感动不已，但是大臣汲黯却不这样想。他向汉武帝参了一本，对皇上说："公孙弘现在位列三公，不像当年生活百无聊赖，他有相当可观的俸禄，可是为什么还盖普通的棉被，吃简单的饭菜呢？"

皇上笑着说："现在朝中上下不都称颂他廉洁俭朴吗？公孙弘是不忘旧时之苦，也不忘旧时之德！"汲黯摇摇头，继续说道："依微臣所见，公孙弘这样做实质上是使诈以沽名钓誉，目的是骗取俭朴清廉的美名。"

汉武帝想想，觉得有几分道理。有一次，上早朝的时候，他得了个机会便问公孙弘："汲黯说你沽名钓誉，你的俭朴是故意做样子给大家看的，他说的是否属实？"

公孙弘一听觉得非常委屈，刚想上前辩解一番，但是转念一想，汉武帝现在可能偏听偏信，先入为主地认为他不是真正的"俭朴"。如果现在自己着急解释，文武百官也会觉得他确实是"沽名钓誉"。再想一想，这个指责也不是关乎性命的，充其量只会伤害自己的名誉。清者自清，只要自己坚持自己的作风，以后别人自然会明白的。这样想着，公孙弘把刚才的一股怨气吞下去，决定不作任何辩解，承认自己沽名钓誉。他回答道："汲黯说得没错。满朝大臣中，他与我交往颇深，来往甚密，交情也很好，他对我家中的生活最为熟悉，也最了解我的为人。他对皇上您说的，正是一针见血，切中了我的要害。"

汉武帝满以为他要为自己辩护，听到这番话颇感意外，问道："哦？是这样吗？"

"我位列三公而只盖棉被，生活水准和小吏一样，确实是假装清廉以沽名钓誉。"公孙弘回答道，"汲黯忠心耿耿，为人正直，如果不是他，陛下也就不会知道这件事，也不会听到对我的这种批评了！"

汉武帝听了公孙弘的这一番话，反倒觉得他为人诚实、谦让，更没有想到他还会对批评自己的对手大加赞扬，真是"宰相肚里能撑船"。从此，对他就更加尊重了。其他同僚和大臣见公孙弘对自己的心理供认不讳，如此诚实，这种人哪里会沽名钓誉呢？

【画龙点睛】

许多事情是不需要解释的，清者自清，谨防越描越黑。而且，宽容你的对手更能彰显你的品行。

梁浇楚地

战国时期，梁、楚两国相邻。梁国边境县的县令一职由梁国的大夫宋就担任。

梁、楚两国都设有边亭。两国边亭的人员各自种了一块瓜田。梁亭百姓十分勤劳，肯于吃苦，多次给瓜田浇水灌溉，他们种的瓜长势很好。而楚亭人员比较懒惰，给瓜田浇水灌溉的次数少，他们种的瓜长势不好。

楚亭人员看到梁亭的瓜田长得绿油油的，比自己的瓜田长势好，十分妒忌，就在夜间偷偷去扒乱梁亭的瓜秧，使梁亭的瓜秧有的枯干而死。

不久，梁亭的人员发觉了这件事，就向县尉请求：允许他们也偷偷到楚亭的瓜田，扒乱楚亭的瓜秧，进行报复。

因为这件事可能造成两国边境事端，事态严重，县尉没敢擅自做主，便去请示县令宋就。

宋就知道了以后，说："唉！这是什么话！这是结怨招祸的办法，如果真的这样做了，对双方都没有好处。让我教给你处理这件事的办法，你必须每天夜晚派人前去，偷偷地给楚亭浇灌瓜田，还要让他们不知道。"

县尉听了，感到很为难，但是这是县令的意思，他不敢违抗，只好把县令的话转告给了老百姓。百姓们更不明白这其中的意思，但既然这是县令的命令，他们不敢不照县令的意思去做。

于是，梁亭人员就在每天夜里前去，偷偷地浇灌楚亭的瓜田。楚亭百姓早晨到瓜田一看，发现已经浇灌过了。就这样，在梁亭人员的帮助下，楚亭的瓜田长势一天比一天好起来。楚亭人员感到奇怪，便暗中察访，知道原来是梁亭人员干的。

楚国的边亭人员大受震撼，便把这件事向楚国的边境县令报告了，县令听到后很高兴，就把这件事报告给楚国朝廷。

楚王听到这件事，感到很惭愧，知道自己的百姓糊涂，做了错事，就对官吏说："我们的边亭人员除了扒乱人家的瓜秧，能没有其他罪过吗？"楚王的言外之意是要求官吏严格约束部下，检查有没有其他向对方挑衅的事件。

同时，楚王对梁国人能暗中忍让感到非常高兴，便派人带着丰厚的礼品向梁国边亭人员道歉，并请求与梁王交往。楚王时常称赞梁王最讲究信义。楚国与梁国关系融洽，是从宋就妥善处理边亭瓜田事件开始的。

【画龙点睛】

伤害了别人也往往伤害了自己，而帮助了别人往往也帮助了自己。

 感情的共鸣

犹太人格森在日本经营着一家清酒公司，有一次，公司开发出一种新品牌的清酒，在扩大市场过程中，遇到一个潜在的大客户龟田，这个客户开了10家连锁饭店。格森想把新的清酒销售给这个客户，他多次上门去拜访龟田，每一次都吃闭门羹，对方不是态度冷淡，就是敷衍了事。

一次，他再度尝试去拜访龟田，当走进龟田的办公室，刚想向他打招呼时，龟田就用力地拍了一下桌子，冲着他喊："怎么又是你！我不是跟你说了吗，我很忙，没有工夫和你浪费时间。你快走吧，别再来烦我了。"

要是一般人遇到这种情况，可能会因为无法忍受他的言辞和他争吵起来，或者干脆扭头就走，但格森没有那样，他显得很平静，马上想到龟田一定有什么不顺心的事。他立刻用和客户几乎一样的语气说："你怎么了，龟田君？我每次来拜访你的时候，都发现你的情绪不好，你是不是有什么不顺心的事呀？我可以坐下来和你谈谈吗？"

格森说完之后，龟田马上平静了下来，脸上的怒气也随之消失。格森

见了之后，很和气地说："我想你一定是遇到了什么不顺心的事情。能跟我说说吗？"

这时，龟田也用相类似的语气说："你猜对了，最近我确实很烦。为什么呢？你知道我是从事连锁餐饮行业的，今年下半年计划开3家分店，什么东西都准备好了，结果上个月我的3个分店经理都让我的竞争者以高薪给挖走了，你要知道，为了培养他们，我可是花了不少力气的。你说我能不生气吗，事情简直糟透了。"

格森听了拍拍他的肩膀说："哎，龟田君，不光是你有这样的烦心事，我也有啊。你看看，我们最近不是有新的产品要上市吗，前几个月我好不容易用各种方法招来十几个新的推销人员，每天我都会用大量的时间培养他们，想把我们的市场打开。结果才三个多月的时间，十几个新的推销人员走得只剩下五六个了。"

接下来的几分钟，他们互相抱怨，现在的人才是多么的难寻找，员工是多么的难培养……最后，格森站起来拍拍龟田的肩膀，说："好了，龟田君，让我们忘了这些烦心的事吧。正好我车上带了一箱新的清酒，搬下来你先免费尝一尝，不管味道怎么样，过两个星期，等我们两人都把问题解决了以后，我再来拜访你。"

龟田听了后就顺口说："好吧！那你就先搬下来再说吧。"搬下来后，两个人挥手互道再见离开了。结果可想而知，龟田成了格森的大客户。在整个谈话的过程中，格森始终没有谈及自己的产品，那他是怎样促成交易的呢？其实很简单，他花了大部分时间与龟田聊天，触动了龟田的同情心，与之建立了共鸣，这样他就自然而然地谈成了生意。

【画龙点睛】

在交际中，如果你能够设身处地站在对方的立场上替对方说话，将会获得意想不到的收获。

缩头小乌龟

一个小男孩，收到爷爷给他的一份生日礼物，那是一只可爱的小乌龟。他在兴奋之余，很想和乌龟一起玩耍，但乌龟初到陌生的环境，一下子就把头脚缩进了壳里。小男孩便用棍子捅它，想把它赶出来，但却一直没有效果。

爷爷看到他的举动，就说："不要用这种方法，我教你一个更好的办法。"他和小男孩把乌龟带进屋内，放在暖和的壁炉旁，几分钟后乌龟觉得热了，便伸出了它的头和脚，主动向小男孩爬去。

"有时候人也像乌龟一样。"爷爷说，"不要用强硬的手段逼迫人，只要以善意、亲切、诚挚和热情的方式，使他觉得温暖，他就一定会去做你想要他做的事。"

【画龙点睛】

当我们要打开人们的心房时，亲切真挚的爱心与关怀，是最快、最有效的方法。

严禁烟火

一天，史瓦布先生去厂房巡视，无意间发现一伙工人正围在墙角抽烟，而墙上却明确地写着"严禁烟火"四个大字。当时，他非常生气，可是他仍然强压着心头的怒火。他并没有理直气壮地质问他们，或者对他们当头棒喝。相反，他悄悄地走过去，接着掏出自己的烟盒，给每个人都递过去一支烟，然后才若有所指地说："走！大家还是到离厂房远一点的地方抽吧！"

那些工人听此言后意识到自己犯了一个原则性的错误，而面前的上司竟然如此宽容，一个个非常自责，都下定决心以后一定不再犯同样的错误。

约翰·华纳梅克有一次在他自己经营的百货公司巡视时，注意到有位客人站在柜台前等着买东西，却久久不见售货员上前招呼。更糟的是，那些售货员竟然围聚在角落里嬉笑闹骂个不停，根本没有注意到有顾客来了。对于这种不把顾客和工作当一回事的现象，华纳梅克非常生气。

他会采取什么样的举动呢？他一言不发地迎上前去，替这位客人将选好的物品接下，然后交由一名店员包好，接着回到了自己的办公室。在整个过程中，他没有对那些店员说一句指责的话。

【画龙点睛】

在指责别人错误的时候，给人当头一棒往往会伤害别人的自尊心，而旁敲侧击不但让人易于接受，而且可以给人留下好的印象。

烈马与牧马人

有匹烈马，别说骑了，想靠近它也是件很难的事。如果谁敢贸然向它走去，它不是咬就是踢，因此，人们都不敢轻易靠近它。

有一天，烈马不小心落入泥潭之中，周围的几个牧民赶快跑过来看热闹，他们拍着手叫道："淹死才好呢！"

这时，有个牧马人走上前去，把在泥潭中挣扎的烈马救了出来。然后拴在马桩上。烈日下，烈马皮毛上的泥浆渐渐晒干，越干越不舒服，身上痒得难受。牧马人就用扫帚给烈马扫，用马梳给烈马梳刷。

这时，烈马感到非常舒适，于是，对牧马人服服帖帖。牧马人乘机给

烈马备上鞍子，一跃上马，骑着它在草原上飞驰。这样，经过多次的训练，烈马就成为草原上最驯服、最出色的坐骑了。

【画龙点睛】

性格刚直的人一般吃软不吃硬，当我们遇到这样的人时，最好的应对方法是多给他一些关怀，通过讲道理来说服他。

 风与太阳

一天，北风与太阳争论起来了，它们都认为自己的能量大，太阳说："万物生长都需要我，我是宇宙的中心，我的能量无人能敌！"北风也不甘示弱，反驳道："我所到之处声势浩大，人们见到我都避之不及，我还能发电……"它们两个争论不休，最后，它们看下面有一个行人，于是决定要是谁能让行人脱下衣服谁就是力量最强大的。

北风憋足了一口气，猛烈地刮，路边的树木左右摇摆，灰尘满天，那个行人扣紧衣服，急速地奔走起来。

北风见此，认为自己还没有使出全部的力量，于是，刮得更猛了。行人紧扣着的衣服又被掀起来了。他冷得瑟瑟发抖，连忙把衣服裹得紧紧的。北风使出浑身解数，行人不但没有脱掉衣服，反而戴上了遮风的帽子。

北风刮疲倦了，太阳微笑着说："你这样是不行的，还是让我来吧！"说完，它把温和的阳光洒向大地，阳光暖洋洋的。刚刚裹紧衣服的行人感受到了和煦的阳光，松开了衣扣，取下了遮风帽。

太阳接着把温暖的阳光射向大地，在这样大好的天气里走路，行人渐渐觉得热，最后汗流浃背。他想：这么温和的天气，还不如把衣服脱了，就不会热得难受了，走起路来也会轻松许多的，还可以直接享受太阳的温暖，那该多好啊。这样想着，他索性脱下了衣服。

【画龙点睛】

力量的表现方式有多种，滴水也能石穿。有时，温柔比粗暴更有力量。这需要我们在生活中好好把握。

一条腿的鸭子

某王爷手下有个著名的厨师，他的拿手好菜是烤鸭，深受王府里的人喜爱，尤其是王爷，更是倍加赏识。不过这个王爷从来没有给予过厨师任何鼓励，使得厨师整天闷闷不乐。

有一天，王爷有客从远方来，在家设宴招待贵宾，点了数道菜，其中一道是王爷最喜爱吃的烤鸭。厨师奉命行事，然而，当王爷夹了一条鸭腿给客人时，却找不到另一条鸭腿，他便问身后的厨师说："另一条腿到哪里去了？"

厨师说："禀王爷，我们府里养的鸭子都只有一条腿！"王爷感到诧异，但碍于客人在场，不便问个究竟。

饭后，王爷便跟着厨师到鸭笼去查个究竟。时值夜晚，鸭子正在睡觉。每只鸭子都只露出一条腿。

厨师指着鸭子说："王爷你看，我们府里的鸭子不全都是只有一条腿吗？"

王爷听后，便大声拍掌，吵醒鸭子，鸭子当场被惊醒，都站了起来。

王爷说："鸭子不全是两条腿吗？"

厨师说："对！对！不过，只有鼓掌拍手，才会有两条腿呀！"

【画龙点睛】

在不改变药效的情况下，给药加点糖，效果会更好。

赞赏的效应

华克公司在费城承建一座办公大厦，就在大厦要完工时，承包铜器装饰材料的供应商，突然以种种理由停止供应铜材料。由于缺少铜材料，只能眼睁睁地看着工程停下来。如工程不能如期完成，除了要交付巨额的罚款之外，华克公司还要承担信誉上的损失，这对公司以后的发展恐怕比罚款所带来的损失更大。

打电话，对方一味地应付；发传真，对方也不予理睬。由于当初认为大厦的铜器装饰不过只是一个很小的工程，所以，并没有与铜商签订十分严密的供货合同。没想到就是这小小的疏忽，竟然在这节骨眼上缚住了公司的手脚。华克公司决定派卡伍到勃洛克林市，与铜商当面交涉。

第二天上午，卡伍走进了铜商的办公室，一进门就兴奋地说："你知道吗？我在勃洛克林市发现了一个极大的秘密。"铜商瞪大眼睛，好奇地问："是什么秘密呀？"

卡伍说："今天早晨，我翻看电话号码簿时意外地发现，在整个勃洛克林市，只有你一个人叫这个名字。看来你是一个独一无二的人啊！"铜商听后心里乐滋滋的："我还从来没注意呢。"于是，他饶有兴趣地打开了办公桌上的电话号码簿："哈，还真是这么一回事呢！"接着，他很自豪地谈论起了他的家世。

等这个话题谈完，卡伍又说："许多人谈起你的企业都赞不绝口，说同行中你们是设备最完善的一家。"铜商笑着说："是的，这工厂的确花去了我很多精力和心血，如果你高兴的话，我愿陪你一起去看看。"

于是，他们一起来到了工厂。卡伍非常专业地指出哪些方面要比别家工厂先进。特别是对几种特殊的机器设备，更是赞不绝口。卡伍的赞赏，使铜商感到遇上了知音，他告诉卡伍，那几台机器是自己用几年的时间研制发明的，也是他的得意之作。卡伍由衷地说："我们公司能遇上像你这样既能干又智慧超群的合作者，真是我们的幸运啊！"

铜商执意要请卡伍吃午餐，卡伍也不推辞。最后，铜商自己先笑了起来，他说："我原以为我们之间一定会爆发一场口舌之战。我也早已做好了应战的准备。没想到见面后竟然谈得如此愉快。好了，你先回费城吧，我保证你们订的货会准时送到，尽管有人等着出更高的价格要货呢。"

【画龙点睛】

赞赏是对一个人价值的肯定，而得到你肯定评价的人，往往也会怀着一种潜在的快乐心情满足你对他的期待。这在心理学上叫做赞赏效应。当你对某个人有意见或准备指责他的时候，你不妨试一试赞赏。首先看看你想责备的那个人，还有哪些值得敬佩和赞赏之处，然后真诚地表达出来，把你对他的批评或责备变成一种你对他的期待，并让他感到自己是一个值得你有所期待的人，你一定会收到比预想的还要好的交际效果。

苹果的启示

在二战经济大萧条时期，日本的许多中小企业纷纷破产，大多数企业只好关门大吉。其中一家水果店也受到很大冲击，惨淡经营，举步维艰。

然而老板很有经济头脑，他不甘心就此失败。经过一番苦思冥想，他想出了一个绝好的办法。老板派人去苹果产地预先订购一批苹果，在成熟之前用标签贴在苹果上。当苹果完全变红后，揭下标签，苹果上就留下了一片空白。

水果店老板从客户名录中挑选出大约200名订货数量较大的客户，把他们的名字用油性水笔写在透明的标签纸上，请人纷纷贴在苹果的空白处，然后随货送给客户。结果几乎所有的客户都对这种苹果感到惊讶并受到感

动，因为客户们认为商店真正把他们奉为上帝并且放在了心上。

送给每个客户一两个本地产的苹果，实际上花不了多少钱。但顾客收到这一礼物都十分感激，其效果不亚于送了一箱苹果。因为这一两个颇富有人情味的苹果，使客户们记住了这一家水果店，很快，当周围几家水果店终于无力支持倒闭之后，这家水果店的水果销售量大增，顾客盈门。

【画龙点睛】

一定不要忽视每一个小小富有人情味的细节和举动，或许那正是我们人际沟通和事业成功的关键。

师父自觉已到了油尽灯枯的地步，尘世已无所牵挂，唯一放心不下的是两个性情截然不同的弟子。

有一天，他把两个徒弟同时召来，交代任务："师父的衣钵只能由你们其中一个人来继承，但究竟由谁来继承，我想无论选了谁对方都会有意见。现在你们要做一件事：每人拿两张纸，一张写下自己的优点，一张写下对方的缺点，然后再把两张纸拿给对方签名。我会根据双方的优缺点酌情选择。"

第二天一大早，两个弟子就聚集在师父房前，为签字与否争论不休，谁都不肯在对方的清单上签字。师父拿出他们的优点与缺点清单。原来，两人所写的自我优点与写别人缺点的数量刚好一样多。有趣的是，每个人自认为的优点却是对方眼中的缺点。两人看自己和对方看自己的观点恰好相反。

师父见他们争执不下，于是指点道："你们先签下写有自己缺点的那一张纸，如果先承认自己的缺点，对方也会同意你的优点。"两弟子于是照办了。果然这次再没有起争执，写下缺点和优点的两张纸都顺利获得对方的签名。

师父点点头，缓缓说道："要别人接受你的办法很简单，那就是先去体会别人的感受，而不是先保护自己的感受。先承认自己有缺点，这样你的优点才有被别人接受的空间。"

茅塞顿开的两个弟子后来都成了有名的贤者。

【画龙点睛】

要别人接受你的办法很简单，那就是先去体会别人的感受，而不是先保护自己的感受。